COCINA *en* CASA *con los* HERMANOS TORRES

Al equipo de RBA Libros, a los productos y a los productores, porque ellos son los realmente importantes.

Este libro no habría sido posible sin la colaboración de Albert Pujols y Oriol Aleu.

© del texto: Javier Torres Martínez y Sergio Torres Martínez, 2017
Con la colaboración de Albert Pujols
© de las fotografías: Oriol Aleu Amat, 2017
Excepto las fotografías de las páginas 33, 36, 39, 41, 49, 52, 53, 59, 68, 71, 74, 77, 83, 84 (arriba), 86, 87, 89, 95, 96, 98, 101, 105, 111, 118, 122, 139, 145, 155, 161, 170, 181, 203, 214, 217, 222, 226, 231, 232, 239, 241, 258: © Shutterstock
© de esta edición, RBA Libros S.A., 2017
Avda. Diagonal, 189 - 08018 Barcelona
www.rbalibros.com

Atrezzo: Ana Torróntegui
Diseño gráfico: Lookatcia.com
Realización editorial: Bonalletra Alcompas, S.L.
Preimpresión: AuraDigit
Con la colaboración de Monix

Primera edición: marzo de 2017

Ref.: RPRA327
ISBN: 978-84-9056-767-8
Depósito legal: B 2.604-2017

Impreso en España · *Printed in Spain*

COCINA en CASA con los HERMANOS TORRES

RBA

LAS RECETAS PUEDEN INCLUIR LOS
SIGUIENTES PICTOGRAMAS

 Sin gluten

Sin leche

Sin huevo

Sin frutos secos

Receta vegana

Recetas para tener siempre a mano

CONTENIDO

PRESENTACIÓN

Este es nuestro libro de cocina más personal. Después de haber escrito varios, todos ellos hechos con la misma dedicación y entusiasmo, nos hemos propuesto elaborar un libro diferente, más íntimo, y pensado y creado con mucho cariño.

Los platos se han cocinado y fotografiado en Espacio Ilusión, nuestro I+D particular, que está situado en el piso donde crecimos, en el barrio de Vallcarca de Barcelona. Este es un lugar muy especial para nosotros, ya que aquí, por ejemplo, se casaron nuestros padres y nuestra abuela Catalina nos inculcó su pasión por la cocina. Siempre tendremos grabados en nuestra memoria los aromas de los caldos y guisos de la abuela, que había trabajado como cocinera para familias acomodadas.

También fue en este piso donde, cuando teníamos ocho años, sentamos a nuestros padres en la mesa de la cocina y les confesamos que queríamos ser cocineros. No nos tomaron para nada en serio y nos mandaron a la cama…, pero fuimos perseverantes y a los catorce años nos matriculamos en una escuela de cocina. Así empezó nuestra trayectoria profesional, que nos ha llevado a trabajar en restaurantes de todo el mundo, siempre por separado, hasta que nuestros caminos volvieron a unirse en distintos proyectos, como el restaurante Dos Cielos, con el que conseguimos nuestra primera estrella Michelin en 2010.

Una de nuestras prioridades ha sido siempre el producto, el cual respetamos por encima de todo, y junto con todo lo que hemos ido aprendiendo, es lo que identifica nuestra cocina. Es por este motivo por el que hemos organizado el libro en torno a algunos de los ingredientes más habituales del mercado, de los que explicamos con detalle los modos de preparación, las variedades, los trucos culinarios imprescindibles, algunas curiosidades y, por supuesto, deliciosas recetas al alcance de todos los cocinitas.

Esperamos que con este libro pises tu cocina con más seguridad y adquieras las nociones básicas parar preparar con éxito unos platos saludables, con algún que otro toque vanguardista.

Javier y Sergio Torres

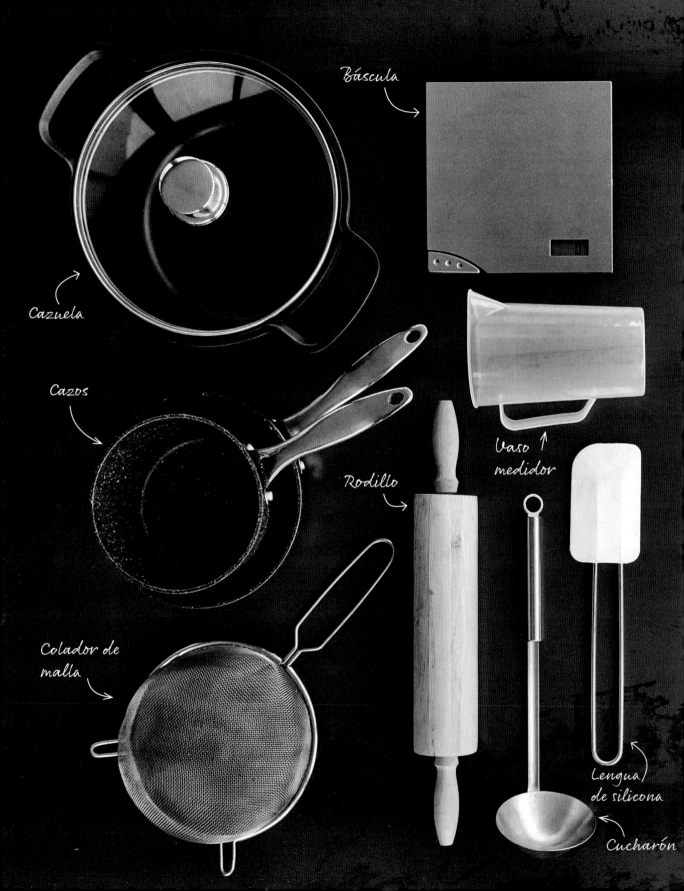

Báscula

Cazuela

Cazos

Vaso medidor

Rodillo

Colador de malla

Lengua de silicona

Cucharón

ENSILIOS IMPRESCINDIBLES

...ula

Rasqueta

Varillas

Pinzas de servicio

Pinzas quitaespinas

Mortero

Pelador

Abrelatas

Cuchillo de sierra

Ralador

Batidora de mano

Cuchillo cebollero

Cucharas de distinto tamaño

Cuchillo puntilla

A la hora de cocinar, hay toda una serie de utensilios y batería de cocina que resultan imprescindibles. Saber cuál es su uso nos permite sacarles el máximo rendimiento y nos ayuda a preparar mejor nuestras recetas. No es exagerado decir que estos elementos también determinan el gusto y la presentación de los platos. Por ello, te recomendamos escoger siempre menaje de primera calidad.

UTENSILIOS

Abrelatas: las primeras latas se abrían con una varilla metálica que incorporaba la propia conserva. El abrelatas, una cuchilla que perfora la lámina, ¡tardó casi medio siglo en aparecer! Hoy en día hay multitud de modelos, incluso eléctricos.

Báscula: sirve para pesar los ingredientes y suele dar el peso en gramos. Las hay tradicionales y digitales.

Batidora eléctrica: existen distintos modelos de este aparato de cocina que sirve para mezclar, batir, emulsionar, triturar...

Centrifugadora: consiste en un escurridor dentro de un bol tapado que, por efecto de la fuerza centrífuga al girar la tapa, escurre hojas de lechuga, pequeños brotes, ciertas setas...

Chino: es un tipo de colador de forma cónica cuyos agujeros son mayores que los del colador de malla.

Colador de malla: habitualmente metálico, tiene forma de media esfera y malla fina (existen distintos grosores), y sirve para separar las partes sólidas de un líquido.

Cortapastas: son unas piezas metálicas normalmente de forma cilíndrica y con uno de los bordes afilado. Sirven para cortar los alimentos, sobre todo masas, según la forma deseada. También pueden usarse como molde o para emplatar (ver pág. 29).

Cucharas: las hay soperas, de postre y de café; además de su uso específico, han servido hasta no hace mucho como utensilio para medir cantidades.

Cuchillos: son herramientas indispensables para todo cocinero. Existen multitud de clases, cuyas formas y mangos distintos determinan su uso. Se pueden diferenciar dos grandes tipos: los europeos y los japoneses, que cuentan, entre otras características, con filos diferentes. Los europeos son de doble hoja (afilados por ambos lados) y los japoneses de un único filo. Además, los cuchillos se clasifican según su forma, cada uno pensado para un uso específico. La elección del cuchillo correcto nos facilitará el trabajo en la cocina, siempre que esté bien afilado.

- **Cebollero:** también conocido como «el cuchillo del chef», es el más usado y se utiliza tanto para picar como para cortar.

- **De sierra:** es largo y con sierra en el filo, y se usa sobre todo para cortar pan y otras masas, pero también puede servir para pelar melón o cortar tomates, porque no resbala.

- **Deshuesador:** tiene una hoja pequeña pero gruesa y sirve, como bien indica su nombre, para deshuesar las carnes.

- **Fileteador:** tiene la hoja fina y flexible, y se usa para filetear carne de ave y especialmente de pescado, pues su flexibilidad permite el corte del filete de pescado con la espina.

- **Puntilla:** es manejable y se usa para cortar verduras, frutas, queso...

- **Torneador:** es pequeño y tiene una curvatura en la punta para dar forma a verduras y frutas.

Descorazonador: está pensado para descorazonar manzanas y peras, aunque también es útil para hacer cilindros de patata o de otra verdura, y así decorar el plato.

Espátula: es muy útil para remover los alimentos de la cazuela, especialmente el arroz, puesto que con la cuchara se corre el riesgo de chafar el grano y reventarlo.

Espumadera: este utensilio sirve para retirar la espuma de los caldos o líquidos en ebullición. También es ideal para sacar las frituras del aceite.

Lengua de silicona: es el utensilio secreto para no desperdiciar nada en la cocina. Sirve para extraer hasta la última gota de comida de boles y otros envases. ¡Imprescindible!

Mandolina: se emplea para rebanar verduras. En función de la cuchilla que se use, la mandolina puede hacer cortes finos, como en juliana, en panadera de distintos grosores, ondulados...

Máquina de pasta: formada por dos rodillos que se accionan con una manivela, permite estirar la masa para realizar pasta fresca fácilmente.

Molinillo de pimienta: permite moler la pimienta al momento y conservar así sus propiedades organolépticas.

Mortero: bol de piedra, cerámica u otro material que se acompaña de un mazo llamado «mano de mortero». Sirve para machacar especias, frutos secos y otros ingredientes pequeños, y hacer picadas, mezclas...

Pelador: los hay de varias formas y permiten pelar fácilmente tubérculos, vegetales y frutas. También puede servir para laminar o para hacer espaguetis de verduras (ver págs. 60 y 66).

Pinzas de cocina: sirven para dar la vuelta, mover y manipular los alimentos, tanto en caliente como en frío. Existen distintos modelos y, al escogerlas, hay que fijarse en que la parte por donde se sujete el alimento no sea lisa, para que no resbale.

Pinzas quitaespinas: este utensilio metálico sirve para retirar las espinas del pescado una vez fileteado.

Rallador: los hay de distinto grosor (fino, medio y grueso), según el tipo de alimento que se quiera rallar y la textura que se quiera conseguir.

Rasqueta: es muy útil para mover o manipular los alimentos, sobre todo, cuando se cuecen a la plancha. También es de gran ayuda a la hora de emplatar.

Rodillo: el más tradicional es de madera, aunque también los hay de otros materiales. Ayuda a estirar y aplanar masas, como la pasta fresca.

Sacacorchos: permite descorchar botellas u otros recipientes, especialmente de vino.

Tabla de cortar: las más actuales son de silicona, un material no poroso y más higiénico que la madera.

Tapete de silicona / papel de horno: tanto uno como otro facilitan que no se peguen los alimentos a la bandeja o al molde.

Tenedor: muy útil para pinchar masas antes de hornearlas o batir huevos.

BATERÍA

Cazo: es más ancho que alto y tiene un mango para manejarlo con soltura. Sirve para cocinar o calentar pequeñas elaboraciones o ingredientes.

Cazuela: es menos alta que la olla y tiene una asa a cada lado. A los platos cocinados en este recipiente también se les llama por ese mismo nombre (por ejemplo, cazuela de marisco, de verduras, de alubias con mejillones...).

Olla: es alta, profunda y tiene un asa a cada lado para poder manipularla. Es idónea para cocciones largas, como caldos y guisos largos.

Olla a presión: gracias a su tapa de cierre hermético cocina a presión, lo que acorta considerablemente el tiempo de las cocciones.

Paella: es el recipiente que se utiliza para elaborar el plato más internacional de Valencia, que toma su nombre de la propia sartén en la que se cocina.

Parisién: es un tipo de sartén de forma cónica, pero bastante profunda, que suele utilizarse con un cesto de rejilla metálica que se incorpora dentro. Se usa para freír y es muy recomendable, porque se gasta menos aceite que en una freidora tradicional.

Parrilla: tiene forma de rejilla y se suele poner encima de las brasas para cocinar (emparrillar) carnes, pescado o verduras.

Plancha: las domésticas suelen ser parecidas a una sartén, aunque más planas y de forma cuadrada. Son antiadherentes y permiten cocinar el alimento en su propio jugo. También las hay eléctricas.

Sartén: sirve para marcar, saltear o freír. Hoy en día todas van bañadas con una capa de teflón antiadherente para evitar que se peguen los alimentos.

Vaporera: existen multitud de sistemas de cocción al vapor, entre ellos la vaporera tradicional japonesa, hecha de bambú. Es un sencillo recipiente con tapa, de base enrejada, que se pone encima de una olla del mismo diámetro con agua hirviendo, para que penetre el vapor y se cueza el alimento.

DESPENSA BÁSICA

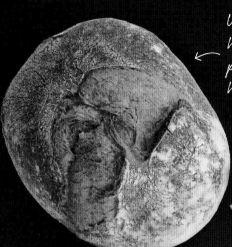

Una buena hogaza de pan puede durar hasta 4 días

Harinas de diferentes tipos (ver pág. 181)

Huevos (ver pág. 278)

Pasta seca, aunque se puede hacer fresca (ver pág. 46)

Levadura fresca

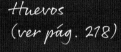

Mostaza a la antigua

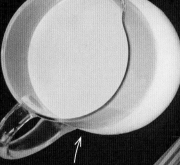

Leche

Frutos secos para, por ejemplo, hacer picadas

Utilizamos miel (ver pág. 149) en lugar de azúcar refinado

Preferimos el tomate fresco, pero siempre va bien tener alguna lata de conserva

Patatas (ver pág. 88)

Cebolla (ver pág. 70)

Arroz (ver pág. 154)

Legumbres

Ajo (ver pág. 48)

Sal marina para cocinar y flor de sal para terminar los platos

Dos tipos de aceite: virgen extra y suave

Vinagre

Surtido de especias y hierbas aromáticas

Pimienta en grano para moler

Vino tinto para cocinar

LA COMPRA

El secreto para cocinar platos sabrosos comienza en el momento de planificar la compra. No solo se trata de saber qué comprar, sino también dónde encontrar los productos que mejor se ajusten a nuestras necesidades, a ser posible, con una buena relación calidad-precio. Una buena compra es la clave de la calidad final de un plato, y aquí te proponemos algunos trucos para conseguirla.

CÓMO HACER UNA BUENA COMPRA

El primer paso para hacer una buena compra es saber qué queremos cocinar, así podremos cuantificar lo que necesitamos y valorar su viabilidad. Por ejemplo, no se recomienda preparar un plato con fresas en enero o con erizos en verano, ya que, al no ser productos de temporada, será difícil encontrarlos de buena calidad y a un precio ajustado. Hay que tener siempre en cuenta las temporadas de los alimentos que se puedan necesitar, y para ello, una buena opción es hacerse con un calendario de productos por estaciones y colgarlo en la cocina en algún lugar visible.

Ya sea para la compra de la comida semanal como para la de una cena de gala, hacer una detallada lista es imprescindible. Hay que pensar en el uso que se le va a dar a cada producto, porque no es lo mismo querer tomates para hacer una ensalada que para una salsa, o carne de ternera para preparar en estofado que para la brasa. Cuanto más minuciosa sea la información al respecto de cada ingrediente, mejor. Hay que apuntar no solo el nombre del producto, sino también la variedad, si se conoce, la cantidad al peso o a la pieza, en función del producto, y, en el caso de pescados, carnes y embutidos, el corte que se va a necesitar. De esta manera, además, se evita comprar en exceso y se reduce el gasto de la compra.

DÓNDE COMPRAR

Es aconsejable, para obtener un producto óptimo, comprarlo siempre fresco y a granel, en lugar de envasado. En el caso de frutas y verduras, especialmente, lo ideal sería poder comprarlas directamente al productor, o con los mínimos intermediarios posibles, algo que suele ser sinónimo de mejor calidad y ahorro. Muchos productores acuden a mercados semanales o tienen un establecimiento donde venden sus mercancías.

Los mercados municipales y de barrio, así como los pequeños comercios y las tiendas especializadas, suelen ser los mejores sitios para hacer la compra, ya que en las grandes superficies, aunque se puede encontrar gran variedad de productos, a menudo estos están envasados y no siempre cuentan con la calidad o el corte deseado. Además, estos comercios acostumbran a estar atendidos por personas conocedoras del producto que nos pueden asesorar.

Poder valorar los alimentos frescos y enteros permite elegir mejor la pieza y el corte que más nos interese, algo que facilita mucho el trabajo a la hora de cocinar. En la pescadería, por ejemplo, se puede pedir que limpien bien de escamas y espinas el pescado y que lo corten según se desee, ya sea en rodajas, lomos, medallones o filetes. En la carnicería, además de realizar los cortes necesarios y filetear, trocear o picar las piezas, pueden, por ejemplo, deshuesar una pierna de cordero.

«Ya sea para la compra de la comida semanal como para la de una cena de gala, hacer una buena lista es imprescindible».

CÓMO ESCOGER EL MEJOR PRODUCTO

Más allá de la posible buena apariencia del producto, uno de los primeros indicadores de su calidad suele ser su propio precio. Si es muy bajo, puede indicar que no es fresco, sino de cámara, y si, por el contrario, es exageradamente caro, lo más probable es que se trate de un producto de fuera de temporada, que seguro pecará de desaborido.

En el caso de las frutas y las verduras, para comprobar que sean frescas se debe valorar el color y la tersura, aunque a menudo el hecho de que sean visualmente perfectas no significa que sean las mejores. Una buena opción es tocar el producto siempre que se pueda y comprobar la firmeza de la piel y el estado de maduración de la pulpa.

En el caso del pescado, hay que fijarse bien en su aspecto para detectar que sea bien fresco. Los ojos tienen que ser saltones y brillantes, puesto que si están hundidos y sin brillo significará que no es del todo fresco. La piel debe ser brillante y estar cubierta por una capa de mucosa, ya que cuando está seca indica que el pez lleva días fuera del agua. Las agallas tienen que estar completamente rojas, casi fluorescentes, porque un color rojo oscuro o granate se debería a la oxidación y coagulación de la sangre en contacto con el aire durante demasiado tiempo. Otro indicador de la frescura del pescado es el conocido como *rigor mortis*, el efecto que produce que el cuerpo se vuelva recto, terso y duro poco después de ser sacrificado. Mientras esté tieso, el pescado estará en óptimas condiciones, pero a medida que se reblandezca significará que el músculo empieza a descomponerse y habrá perdido frescor. Si es un pescado pequeño, como un jurel o una caballa, se puede comprobar fácilmente cogiéndolo por la cabeza: si conserva su posición, está fresco.

Por lo que respecta a la carne, hay que valorar siempre su firmeza, aspecto y color, en función de cada tipo. La de ternera debe tener un color rojo intenso y brillante, de textura compacta y seca y con grasa cremosa. La de cerdo tiene que presentar un color rosado pálido, textura suave y grasa blanca. La de pollo y pavo puede ser más blanquecina o más amarillenta, en función del tipo de alimentación con el que haya sido criado, y debe ser firme y no presentar sangre ni restos de humedad. Hay que descartar siempre carnes con brillos verdosos o grasas muy amarillentas o grises.

CUÁNTO NOS VA A COSTAR

Comer bien no siempre quiere decir comer caro: la mayor parte del recetario español, desde las migas y los gazpachos a las ollas, potajes o paellas, son platos económicos elaborados con ingredientes básicos y accesibles. Además, cabe diferenciar entre un plato con alto coste y un plato caro, que será aquel que una vez degustado no justifique su precio.

Los platos de este libro no tienen precios desorbitados. Además, en muchas de las recetas se proponen opciones alternativas para sustituir ciertos productos difíciles de encontrar o que puedan suponer un mayor desembolso económico. El precio de cada plato dependerá del momento en que se cocine, pues siempre es más caro comprar los ingredientes fuera de temporada. Lo mejor para ahorrar es comprar productos locales y frescos.

1. Las agallas de un pescado fresco deben tener un color rojo, casi fluorescente.

2. La carne de ternera de calidad presenta grasa infiltrada.

3. Las verduras y hortalizas tienen que ser tersas y frescas.

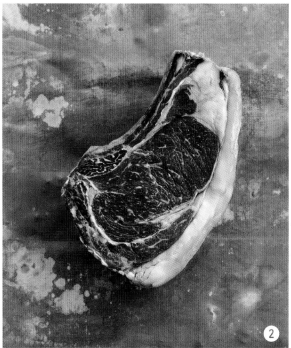

TÉCNICAS BÁSICAS

Ahumar: esta antigua técnica de conservación consiste en aplicar humo de madera sin resina a los alimentos. Existen dos tipos de ahumados: en frío y en caliente. En el primero no se superan los 30 °C, mientras que en el segundo se oscila entre unas temperaturas de 60 y 70 °C.

Asar: con esta técnica el alimento se somete a un calor seco, bien sea en horno de gas, eléctrico, de leña e incluso en horno giratorio. Cuando se trata de un corte de carne, esta suele sellarse previamente salteándola con un poco de grasa en una cazuela, para que mantenga todos sus jugos. Cuando se trata de asar una pieza grande, como en el caso del cochinillo, el lechal o el pollo asado, se prescinde del sellado, se añade grasa a la pieza y, opcionalmente, ingredientes aromáticos.

Baño maría: es un método de calentamiento indirecto que ofrece una temperatura suave, uniforme y constante. Se usa habitualmente para cocinar recetas preparadas en molde, como flanes. El molde se dispone dentro de un recipiente relleno con agua a media altura y se calienta. Hay que mantener una temperatura elevada constante sin permitir que el agua llegue a hervir. La técnica se puede realizar directamente en el fogón, aunque resulta más fácil mantener una temperatura constante en el horno.

Brasear: esta técnica consiste en sellar primero la pieza que se va a cocinar, para darle color y que conserve sus jugos, y, posteriormente, darle una segunda cocción en un medio húmedo, bien sea vino, caldo o agua. Se usa, por ejemplo, para hacer un redondo de ternera.

Confitar: el ingrediente se sumerge en grasa y se cocina a temperatura baja, de entre 50 y 70 °C, sin que llegue nunca al punto de ebullición. Se puede usar una gran variedad de grasas, como aceite de oliva, grasa de pato, manteca de cerdo... Además, se pueden añadir ingredientes aromáticos que aporten gusto y perfume, pues este tipo de cocción facilita el intercambio de sabores y otras propiedades organolépticas.

Curar: mediante este proceso de conservación, un alimento se introduce en una solución de azúcar y sal para que pierda agua. En algunos casos, se deja secar al aire y en otros se consume directamente. Se aplica, por ejemplo, en la elaboración de la mojama o el jamón. Algunos procesos de curación también incluyen el ahumado.

Emparrillar: esta técnica se emplea para cocinar piezas pequeñas, como costillas, chuletas o escalopes, disponiéndolas en una fuente de calor alto, ya sea una plancha ligeramente engrasada o una brasa. La parte exterior de la pieza se coagula, mientras que el interior conserva su jugo.

Encurtir: es una de las técnicas más ancestrales de conservación, mediante la cual se somete los alimentos a la acción del vinagre y de la sal.

Escaldar o asustar: se trata de sumergir un producto en un líquido hirviendo durante unos segundos, e inmediatamente después enfriarlo en un baño de agua con hielo. Normalmente se utiliza agua, aunque en función del alimento y la preparación a la que se destine, también se puede usar, entre otros, leche o almíbar. Gracias a esta técnica, se pueden pelar con facilidad vegetales como los pimientos o los tomates. También se usa para resaltar el color de ciertas verduras, dándoles una leve cocción en la superficie y dejándolas crudas en el interior, como en el caso de las crudités. Además, se emplea para evitar la oxidación de hierbas y verduras peladas, cortadas o deshojadas, como la albahaca o los cardos, ya que, una vez escaldadas y enfriadas, dejan de sufrir la alteración provocada por el aire.

Estofar: esta técnica se usa para cocinar carnes duras que necesitan largas cocciones. Se utiliza un recipiente cerrado, para que no haya renovación de aire y la carne se impregne de todos los aromas procedentes de los ingredientes que la acompañan, como la grasa, ya sea aceite o manteca, las hierbas y las verduras, el vino y el caldo.

Freír: consiste en sumergir un alimento en aceite caliente para eliminar su agua exterior y conseguir una costra crujiente. Para no quemar la grasa, algo que podría resultar nocivo para la salud, no se debe sobrepasar nunca los 180 °C en el caso del aceite de oliva, y en el de girasol y maíz, los 170 °C. Por lo que respecta a las grasas, como mantequillas, margarinas, mantecas de cerdo o de cacao, cabe decir que no son especialmente indicadas para freír. Los ingredientes se pueden freír directamente, como la patata, o protegidos de forma previa, es decir, enharinados, empanados, rebozados o cubiertos de algún tipo de pasta, como la tempura o los buñuelos.

Glasear: en este proceso intervienen cuatro elementos principales: el alimento que se quiera glasear, por ejemplo, patatas, cebollitas, salsifíes o nabos; un poco de grasa, preferiblemente mantequilla;

un elemento endulzante, como el azúcar moreno o la miel, y por último, una mezcla de jugo de carne o caldo. En primer lugar, hay que dorar el ingrediente en la grasa; a continuación, se espolvorea con el elemento endulzante; por último, se desglasa en el caldo, dejando que reduzca y que el ingrediente glaseado se envuelva con todo el jugo resultante.

Gratinar: consiste en dorar la superficie de una elaboración aplicando un calor seco, directo y alto. Se suele utilizar para elaboraciones ya terminadas, como canelones, sabayón o fideuá, aunque también se puede aprovechar el doble calor del horno para acabar la cocción y gratinar durante los minutos finales.

Hervir: se trata de cocinar durante un tiempo largo o moderado uno o varios ingredientes en un líquido hirviendo, habitualmente agua, aunque también puede ser caldo o leche. El hervido puede ser de dos tipos, en función de si el alimento se sumerge en el líquido en frío y posteriormente se lleva a ebullición, o de si se sumerge en él cuando este ya está hirviendo. Se elige un tipo u otro según el alimento o la receta que se quiera elaborar. La primera opción, en frío, comporta una pérdida de los jugos de los ingredientes, algo aconsejable a la hora de hacer un caldo o una infusión. La segunda, por el contrario, permite mantener los jugos, ya que al sumergirse en líquido hirviendo queda sellado externamente, y es lo que se busca a la hora de hervir verduras, arroz, pasta o marisco.

Marinar: para llevar a cabo este procedimiento, se introduce un alimento en un medio acuoso durante un tiempo determinado, que pueden ser horas o días, para que resulte más jugoso, tierno y aromático. El marinado engloba técnicas como el escabeche, el ceviche, el adobo o el encurtido.

Papillote: consiste en cocinar en el horno el producto envuelto en papel de aluminio, para que, por efecto del vapor, se cocine en su propio jugo.

Pochar: este término se emplea para designar dos técnicas distintas:

1. Cocer levemente un ingrediente sumergido por completo en un medio líquido con el fin de mantener su jugosidad y evitar que ni se seque ni tome color.

2. Cocinar un ingrediente en grasa a fuego lento, para darle una primera cocción, que se rematará después a mayor temperatura. Se emplea, por ejemplo, en la realización de las patatas fritas.

Rehogar: se lleva a cabo en un recipiente con grasa, a fuego suave, en el que se introduce un alimento y se remueve para que sude y se impregne de la sustancia grasa. Requiere poco tiempo, de manera que el alimento no llegue a tomar color.

Risolar: es una técnica normalmente usada para cocinar las patatas de manera que resulten cremosas por dentro y crujientes por fuera. Consiste primero en escaldar la pieza; a continuación, se dora en una sartén con un poco de grasa, normalmente mantequilla, y por último, se introduce en el horno con calor seco y constante para acabar la cocción.

Saltear: se realiza a fuego vivo en un wok o sartén, en el que se introducen los alimentos cortados en trozos irregulares y se mueven con un gesto envolvente de adelante hacia atrás, para que salten durante un tiempo corto. De este modo, el calor intenso sella el ingrediente manteniendo el agua en el interior y dejándolo terso y crujiente.

Al vacío: la cocción al vacío es una de las técnicas que más respetan las propiedades de los alimentos, tanto organolépticas como nutricionales. Consiste en envasar el producto, ya sea solo, con alguna grasa o en un medio acuoso, y opcionalmente con elementos aromáticos, y cocinarlo a una temperatura inferior a 85 °C. En España, un pionero en esta técnica ha sido Joan Roca, que ha patentado distintos aparatos en torno a ella. Por nuestra parte, hemos inventado la Gastrovac. Se trata de una olla acoplada a una máquina que, además de aplicar calor en la base, realiza un vacío continuo, algo que permite cocinar al vacío sin necesidad de envasar el producto. Consigue, por ejemplo, puntos de ebullición a 35 °C, lo que permite una cocción muy suave y facilita que los alimentos actúen como una esponja, impregnándose de su medio líquido, algo difícil de conseguir en el envasado al vacío tradicional.

Al vapor: se trata de cocinar los ingredientes por efecto del vapor de agua, por lo que conserva muy bien sus propiedades, pues no requiere aplicar grasas ni diluir su sabor en agua hirviendo. Se usa tanto para vegetales como para carnes, pescados y mariscos, y se pueden añadir ingredientes aromáticos en el agua para perfumar el producto. Existen numerosos utensilios que sirven para cocer al vapor, entre ellos la vaporera de bambú japonesa. También hay sistemas de cocción al vapor con presión, lo que disminuye el tiempo de cocción.

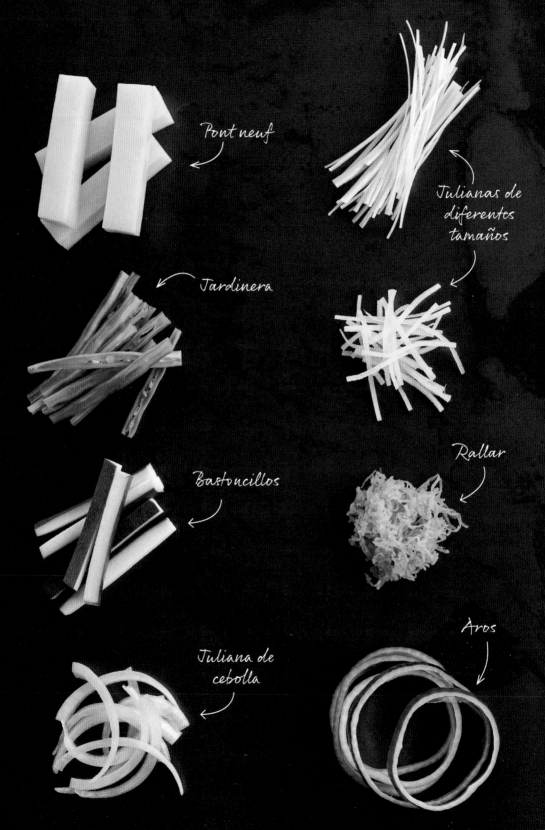

Pont neuf

Julianas de diferentes tamaños

Jardinera

Rallar

Bastoncillos

Aros

Juliana de cebolla

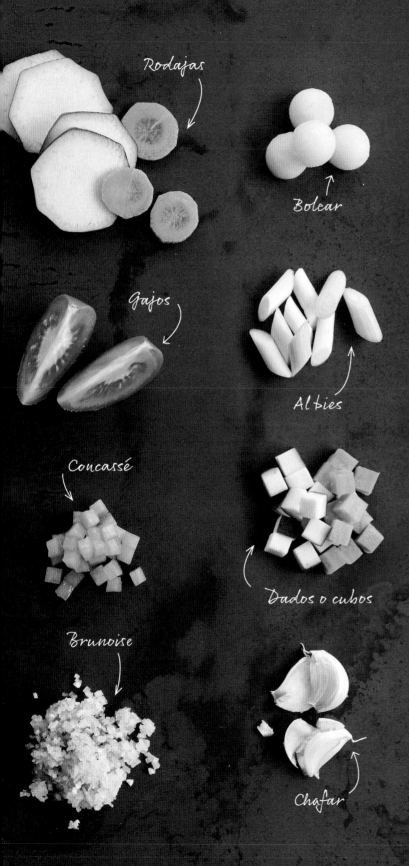

Rodajas

Bolear

Gajos

Al bies

Concassé

Dados o cubos

Brunoise

Chafar

CORTES DE COCINA

Bastoncillos: es un corte en tiras largas, con forma de bastoncillo, de unos 7 cm de largo. Son más largas y gruesas que las del corte en jardinera. Hay un corte similar que se aplica exclusivamente a las patatas, el ***pont neuf***.

Bresa: es un corte grande, no necesariamente regular, que se usa en verduras para preparaciones en las que es preciso conservar el sabor del alimento y evitar que se deshaga como, por ejemplo, en caldos.

Brunoise: es un corte en daditos muy pequeños que se suele aplicar a las verduras. No hay que confundirlo con picar.

Dados o cubos: como su nombre indica, es un corte en dados regulares; si no se especifica, suelen ser de 1 cm de arista. El *concassé*, exclusivo para el tomate, es similar.

Gajos: usado para vegetales con formas redondeadas, es un corte en forma de media luna con un ancho de no más de 3 cm.

Jardinera: corte para vegetales, en tiras de 0,5 cm de ancho por 3-4 cm de largo.

Juliana: empleado para vegetales y verduras, es un corte en tiras muy finas, semejantes a la paja. También se conoce como cincelar.

Mirepoix: corte en dados regulares de unos 2 cm de arista. Se usa, sobre todo, para vegetales, aunque también para jamón e higadillos.

Panadera: es un corte en rodajas finas de 0,5-1 cm de grosor usado, sobre todo, para las patatas.

Picar: corte muy fino e irregular que se utiliza para numerosos alimentos.

Rodajas: corte en tajadas circulares que se puede aplicar en numerosos alimentos, desde verduras hasta carnes y pescados.

Tornear: consiste en darles una forma ovalada con una puntilla a verduras de cierto tamaño y cuya textura lo permita, como zanahorias, patatas o calabacines.

Otros: cortar un ingrediente **al bies**, **en aros**, **bolear** (dar forma redondeada con una cuchara parisina), **triturar** con una batidora, **rallar** o **chafar** son otros tratamientos habituales.

PUNTOS DE COCCIÓN

Hay numerosas tablas internacionales que indican el punto de cocción de un alimento basándose en la temperatura de su corazón, pero para ello se necesita disponer de un termómetro de cocina. ¡No cuesta nada tenerlo, los hay de muy baratos! Cuando no tengamos uno a mano, deberemos guiarnos por la vista, el tacto y la propia experiencia para saber si un alimento está cocido.

LA CARNE

Sobre todo cuando se es inexperto, saber distinguir el punto justo de cocción de la carne es un tanto complicado. Lo más sencillo es guiarse por el tacto: cuanto más dura está la carne, más hecha, y cuanto más blanda, menos.

También se puede emplear un termómetro de cocina. Hay de dos tipos: el que lleva una sonda incorporada, que se pincha hasta alcanzar el corazón del producto, y el láser, con el que solo apuntando a la pieza muestra su temperatura interior.

Según la temperatura, se distinguen los siguientes puntos de cocción:

- Poco hecha: 50-65 °C
- Al punto: 66-75 °C
- Hecha: más de 76 °C

LAS VERDURAS

Las verduras deben conservar al máximo su textura y su color, por lo que su punto justo de cocción suele ser al dente.

EL PESCADO

Un buen indicador del punto del pescado es el color, que debe ser de un traslúcido uniforme. También se puede emplear un termómetro: cuando la temperatura interior alcance los 55-60 °C, está cocido.

LA PASTA

Los italianos la prefieren al dente; los chinos, muy cocida, y cada comensal tiene sus propias predilecciones. De todos modos, los fabricantes suelen indicar en el envoltorio el tiempo requerido de cocción, que se puede variar según la receta.

EL ARROZ

A nosotros nos gusta al punto, cuando el centro del grano aún está al dente y se percibe su textura en la boca.

Carne hecha
Al punto
Poco hecha

Verduras al dente

Pescado al punto

LIGAZONES

Las ligazones son ingredientes o mezclas de ingredientes que permiten dar un buen acabado a un plato, espesar una salsa o hacer más melosa una elaboración. Según su origen, se pueden distinguir los siguientes tipos:

DE ORIGEN ANIMAL

Se trata de ingredientes como la clara o la yema de huevo, la mantequilla, la nata, la gelatina, la sangre, el hígado, el coral de marisco... Este tipo de elementos proteicos, especialmente el huevo y la sangre, requieren una cocción que no sobrepase los 85 °C, pues, de lo contrario, no ligaría ni espesaría, se formarían grumos y la ligazón quedaría cruda.

DE ORIGEN VEGETAL

Son espesantes muy usados en la cocina actual, tales como algas, sobre todo la agar-agar y la carragenato, así como almidones de cereales, ya sea en forma de harina o de fécula, como la tapioca o la patata en polvo, que se utilizan para espesar salsas, cremas o caldos. En el caso de la harina, es recomendable cocinarla previamente en un elemento graso o tostarla en el horno antes de agregarla como ligazón en un elemento caliente. Por el contrario, los almidones suelen requerir ser sumergidos previamente en un líquido frío, para que se disuelvan, y luego hay que introducirlos poco a poco en el elemento que se quiere espesar, el cual debe estar hirviendo.

DE ORIGEN MIXTO

Muchas ligazones combinan ingredientes de origen animal con otros de origen vegetal, por ejemplo, cuando se mezcla un poco de miga de pan con nata líquida. También es el caso del *roux*, una ligazón clásica francesa, que consiste en cocinar harina de trigo, previamente tostada o no, en una grasa. O la tradicional bechamel, que combina la mantequilla y la leche con la harina.

UN PLATO EQUILIBRADO

El ingrediente principal y su acompañamiento deben estar equilibrados a nivel gastronómico. La principal regla es saber combinar los sabores fuertes y suaves, de tal manera que se establezca una armonía en el plato. Por ejemplo, las alitas de pollo sin trabajo (ver pág. 204), que son muy sabrosas, combinan a la perfección con la lechuga y el limón de la salsa, que aportan frescor.

Cuando el producto principal es graso, es preciso acompañarlo con un ingrediente fresco que limpie la boca después de cada bocado, entendiendo como fresco aquellos alimentos que contienen una gran cantidad de agua o que aportan un toque cítrico. Por ejemplo, el aderezo de zumo de limón para los calamares a la romana o una ensalada de lechuga y escarola para unas mollejas de ternera hacen que los sabores del producto principal resulten más agradables e intensos en la boca. Es también por esta razón que en muchas de las recetas de este libro, y especialmente en las de cazuelitas y platos caldosos, se sugiere añadir al final de la cocción unas gotas de lima, para no perder este punto aromático y fresco tan interesante.

El frescor de la lechuga compensa la grasa de las alitas de pollo confitadas.

BASES DE COCINA

Fumet de pescado

Caldo de cocido

Caldo de verduras

CALDO DE VERDURAS

Para unos 4 l

8 zanahorias	10 granos de pimienta
4 cebollas	negra
3 puerros	1 hoja de laurel
2 chirivías	1 anís estrellado
2 nabos	1 chorrito de salsa de soja
1 rama de apio	½ cucharadita de nuez
½ raíz de apio	moscada
¼ de bulbo de hinojo	5 l de agua

Lavar, pelar y cortar las verduras —exceptuando las cebollas— en trozos regulares de unos 2 cm de arista aproximadamente. Reservar.

Cortar por la mitad las cebollas sin pelarlas. Cubrir una sartén con un trozo de papel de aluminio. Poner entonces cada mitad encima, por el lado por el que se ve la pulpa de la cebolla. Encender el fuego y tostar hasta que se queme esa parte de la cebolla, con lo que el caldo presentará un color más oscuro y con aromas tostados.

Introducir todos los ingredientes en una olla —exceptuando la salsa de soja—. Cubrir con el agua y hervir 30 min. Pasado el tiempo, retirar del fuego y tapar el recipiente con papel film. Infusionar unos 10 min antes de pasar el caldo por un colador fino o estameña, gracias al que se eliminan todas las impurezas. Este paso es crucial para que nos quede un caldo limpio y transparente. Por último, verter un poco de salsa de soja al gusto.

Trucos Torres

- Este caldo de verduras puede sustituir al de ave o de pescado en cualquier receta.

- En su elaboración se pueden emplear los recortes de verduras que tengamos en la nevera, como el verde del puerro o de la cebolla tierna.

- También se puede jugar con las especias y otros ingredientes para darle un toque personal: setas, orégano, ajos tiernos, hojas de col o calabaza se pueden incorporar a este caldo de verduras.

- Para preparar estos caldos, hemos empleado una olla de 8 l de capacidad. Todos se pueden congelar.

CALDO DE COCIDO

Para unos 4 l

300 g de gallina	2 carcasas de pollo
400 g de costilla	2 cebollas
de cerdo	2 puerros
200 g de falda de ternera	¼ de raíz de apio
150 g de papada	¼ de bulbo de hinojo
100 g de pie de ternera	4 zanahorias
100 g de hueso de jamón	5-6 l de agua

En una olla con agua fría, introducir todas las carnes. Poner a fuego lento y, con la ayuda de una espumadera o cucharón, ir sacando la espuma y las impurezas que suban a la superficie. Una vez que levante el hervor, con cuidado, quitar el agua. Este procedimiento se denomina «blanquear», paso imprescindible para obtener un buen caldo.

Volver a llenar la olla con la cantidad de agua fría que se indica en la lista de ingredientes. Introducir las verduras, previamente lavadas y cortadas en dados regulares de 2 cm de arista aproximadamente.

Hervir el caldo a fuego suave alrededor de 12 h, añadiéndole agua las veces que haga falta y espumando hasta que deje de soltar impurezas. Este paso es muy importante para conseguir un caldo limpio y transparente.

El caldo está listo cuando adquiere un tono dorado. Pasarlo entonces por un colador fino o estameña.

Trucos Torres

- Se pueden cambiar carnes y cantidades a conveniencia.

- Es importante espumar el caldo cada vez que aparezcan impurezas y grasa en la superficie.

- Este caldo no se sala porque el hueso de jamón actúa como potenciador de sabor.

- Se obtienen unos 4 l de caldo. Si se logra más cantidad sin haber puesto más carne, probablemente le haya faltado hervor al caldo. Por el contrario, si el líquido obtenido es concentrado, fuerte de sabor y de un color oscuro, seguramente el fuego estaba demasiado fuerte.

- El caldo estará perfecto al cabo de 12 h de cocción. Con la mitad de tiempo ya se podría usar, aunque no sería tan gustoso.

FUMET DE PESCADO

Para unos 4 l

1 kg de cinta	¼ de bulbo de hinojo
600 g de galera fresca	6 granos de pimienta
600 g de cangrejo blanco	negra
3 zanahorias	1 hoja de laurel
2 cebollas	50 ml de aceite de oliva
1 puerro	virgen extra
3 dientes de ajo	3,5 l de agua
¼ de raíz de apio	

Lavar con abundante agua las cintas, las galeras y los cangrejos, para eliminar la arena y otras impurezas que puedan tener. Lavar, pelar y cortar las verduras en dados de unos 2 cm de arista. Dejar los dientes de ajo sin pelar.

Poner una olla al fuego con el aceite de oliva. Cuando esté bien caliente, introducir en primer lugar los cangrejos y cocer hasta que estén bien dorados. Entonces, incorporar las galeras y dorar a fuego vivo. A continuación, añadir las cintas y saltear tan solo unos segundos. Introducir acto seguido las verduras, junto con la pimienta y la hoja de laurel. Remover el conjunto y añadirle el agua en la medida justa, sin que llegue a cubrir el pescado.

Hervir a fuego muy suave apenas 10 min. Mientras dure la cocción, ir espumando el caldo. Pasado el tiempo, infusionar durante 5 min. Finalmente, pasar el caldo por un colador muy fino o una estameña para eliminar cualquier impureza y que el caldo quede limpio, transparente y con mucho sabor.

Trucos Torres

- El fumet es la base de muchos arroces y cazuelas marineras.

- Para elaborarlo, se pueden utilizar también espinas y cabezas de pescados blancos u otros pescados de roca, como arañas, bejeles o cabrachos.

- Hay que tener en cuenta que, cuanto más marisco se emplee, más rojo queda el caldo. En ocasiones, no nos interesará.

- Este fumet no debe hervir más de 20 min, ya que entonces puede adquirir cierto amargor.

- Se puede guardar 2 días, como máximo, en la nevera.

CÓMO EMPLATAR

Un buen emplatado consiste en la disposición de los diferentes elementos de un plato de manera armónica y equilibrada. Hay diferentes tipos de emplatado, pero, en líneas generales, nosotros intentamos alternar los colores de los distintos elementos y buscamos el volumen en la presentación, para darle vida al plato y que resulte agradable a la vista. De todos modos, la presentación final depende en parte del mimo con que se hayan tratado los ingredientes desde el inicio de la elaboración. El corte, por ejemplo, es crucial (ver pág. 23). Conozcamos otros trucos empleados en las recetas de este libro.

② Pero hay platos y platos... En el caso de los guisos, se pueden servir en la misma olla o cazuela donde se han cocinado. Para rematar el plato, se puede espolvorear alguna hierba aromática que case bien con el guiso para darle color y frescor, además de aroma. Por ejemplo, el suquet de rape se ha terminado con un toque de perifollo. Si se opta por emplatarlo, hay que decantarse por un plato sopero y recurrir al mismo truco de las hierbas.

① Las sopas o cremas con guarnición presentan interesantes posibilidades de emplatado. Por ejemplo, se puede disponer el líquido en una jarrita y servir junto con el plato sopero, donde se han dispuesto los diferentes ingredientes de la guarnición, como si se tratara de un cuadro. Es el caso del ajoblanco con anguila ahumada y yemas de tomate (ver pág. 142), donde, además, los ingredientes se han distribuido alternando los colores: el blanco de la anguila con el rojo del tomate, el naranja de las huevas y el verde de la cebolla. En este sentido, es interesante observar que un número de elementos impar siempre funciona mejor que uno par. Por otro lado, para que el plato tenga algo de volumen, se puede optar por rizar el verde de la cebolla sumergiéndola previamente en un bol de agua y hielo.

③ Las ensaladas y los platos principales suelen incluir el ingrediente principal, la salsa y una o más guarniciones. Si imaginamos un reloj, la cocina clásica colocaba el ingrediente principal a las 5 —más cerca del comensal— y la guarnición a las 11. Hoy en día se ha roto esta regla y se emplata de maneras diferentes. Por ejemplo, se pueden disponer los elementos a lo largo, como en el bizcocho-micro de frutos rojos (ver pág. 102) o en el tataki de atún marinado (ver pág. 232). En este último caso, nosotros hemos empleado todo el plato, pero se pueden disponer los filetes únicamente en un lateral, descentrando el conjunto. Como se puede observar en este mismo plato, se busca un desorden ordenado, alternando los ingredientes según su color. Además, la disposición debe tener sentido cuando se vaya a comer. Al comensal le ha de ser fácil coger un bocado y acompañarlo con un poco de todos los ingredientes, para que no se pierda la armonía del plato.

④ Un aro o cortapastas sirve para recoger y apilar los ingredientes a modo de timbal. Lo hemos empleado en el tartar de tomate (*ver pág. 42*), pero además se pueden emplatar ensaladas: se coloca el aro en el centro del plato y se rellena con las hierbas de la ensalada bien aliñadas; después se disponen encima el resto de ingredientes que las acompañan, alternándolos.

También se puede emplear el mismo truco, por ejemplo, para la presentación de una ensaladilla o de una menestra de verduras. Si se acompaña de un huevo poché (ver pág. 226), este se puede esconder en el interior del timbal para que, al clavar el tenedor, se mezclen los ingredientes en cada cucharada. Para finalizar, se puede espolvorear por encima alguna hierba picada o rizada, como cebollino o perifollo remojados previamente en agua con hielo.

Trucos Torres

▪ Los ingredientes dispuestos en un plato deben tener brillo y vida, por lo que siempre han de ir cubiertos de salsa, vinagreta o, en su defecto, aceite de oliva virgen extra. Esto resalta los colores de los ingredientes.

▪ En muchos platos, se dibuja un cordón de aceite de oliva virgen extra. Además de aportar brillo al plato, este se convierte en el hilo conductor de todos los elementos que lo componen.

▪ Siempre hay que buscar el contraste de texturas: a productos muy blandos es interesante aportarles un punto de crujiente, como ocurre en las cremas acompañadas de torreznos o en las alitas sin trabajo (ver pág. 204), que combinan la ternura de la carne confitada y el frescor de las hojas de lechuga.

▪ Las hierbas frescas aportan un interesante toque final a muchos platos, ya sea picadas o enteras. Para devolverles su vigor, se deben bañar previamente en agua con hielo. Es una manera sencilla de añadir sabor y aroma a nuestras recetas.

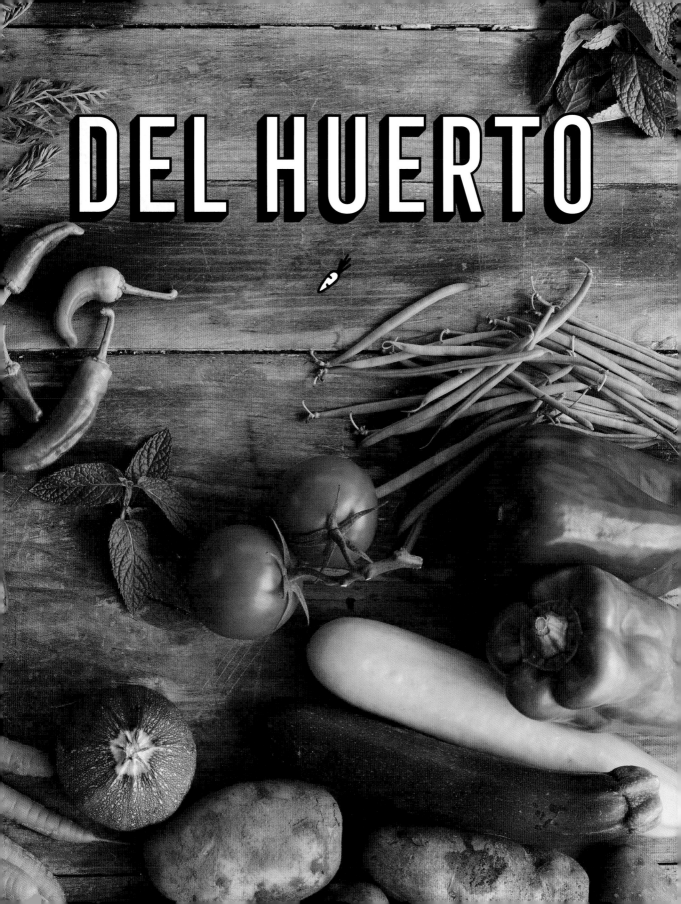

DEL HUERTO

PIMIENTO

Junto con la patata, el pimiento es uno de los productos que llegó a Europa después del primer viaje de Cristóbal Colón a América. Está muy presente en nuestra gastronomía y se puede encontrar todo el año en el mercado. Conviene escoger los ejemplares más carnosos, duros y pesados en proporción con su volumen. Es muy rico en fibra y en minerales como potasio, magnesio, fósforo y calcio. También en vitaminas A y E, aunque destaca por su contenido en vitamina C, especialmente los que son maduros (rojos). ¡Tienen más que las naranjas, los limones y los pomelos!

«El pimiento verde tiene más acidez, mientras que el maduro, el de color rojo, es más dulce».

VARIEDADES

Según su forma, los pimientos pueden ser cuadrados o cortos, semilargos y largos. Pero, además, se pueden distinguir estas variedades:

Italiano: de color verde o rojo y alargado. Tiene la piel fina y poca pulpa.

Morrón: variedad gruesa, carnosa y de gran tamaño. Su carne es firme y su piel, verde o roja (cuando ya está maduro), es brillante y lisa. Se comercializa fresco, seco y en conserva.

Del piquillo: de color rojo intenso, carnoso, compacto y de sabor picante o dulce.

Del Padrón: originario de Padrón (Galicia). Pequeño y rugoso, de forma alargada y cónica. Algunos pican y otros son dulces.

Ñora: de forma esférica, color rojo y muy carnoso. Se conserva en seco y sirve para preparar salsas.

Choricero: pimiento carnoso, como la ñora, pero más alargado y menos dulce. También se conserva seco y se utiliza la pulpa rehidratada.

DO PIMIENTO DEL PIQUILLO DE LODOSA

El pimiento del piquillo se cultiva tradicionalmente en el suroeste de Navarra, donde existe una denominación de origen de esta hortaliza: la DO Pimiento del Piquillo de Lodosa. Abarca ocho municipios: Lodosa, Andosilla, Azagra, Cárcar, Lerín, Mendavia, San Adrián y Sartaguda. Es de color rojo intenso, de tamaño pequeño y de forma triangular, acabado en punta. Una vez recolectados, se limpian y se asan por llama directa, de ahí su peculiar sabor ahumado.

Pimiento de Espelette

Y EN POLVO

El **pimentón de La Vera** es un producto con denominación de origen. Procede de la molienda de pimientos rojos de las variedades locales jaranda, jariza, jeromín y bola. Se cultiva y elabora en la comarca de La Vera, en la provincia de Cáceres. Tiene sabor ahumado y puede ser dulce, agridulce y picante.

También es muy apreciado el **pimentón de Espelette**, de una variedad procedente del País Vasco francés. Es muy aromático.

Trucos Torres

- La piel de los pimientos resulta un poco indigesta, por eso es aconsejable pelarlos.

- Para sacar el corazón con las semillas del interior del pimiento, basta con presionar el pedúnculo hacia dentro con el pulgar, sin necesidad de cuchillo y sin desperdiciar nada de pulpa. Esto evita tener que cortarlo por la mitad si queremos rellenarlo.

- La variedad de pimiento morrón tiene dos tipos: macho y hembra. Es macho si acaba en tres bultos y hembra si acaba en cuatro. Los del tipo hembra son más dulzones, por lo que son ideales para consumir en crudo. Por el contrario, los del tipo macho es mejor comerlos cocinados.

PIMIENTOS VERDES RELLENOS

Para 4 personas

500 ml de aceite de oliva suave

4 pimientos verdes italiano

Para el relleno de patatas

2 patatas monalisa

80 g de chistorra fresca

1 chalota

2 dientes de ajo

Aceite de oliva virgen extra

Sal

⭐ **PARA LA SALSA DE PIQUILLOS**

8 pimientos del piquillo

2 dientes de ajo

1 cucharada de aceite de oliva suave

Aceite de oliva virgen extra

Flor de sal

Pimienta

Lavar las patatas y disponerlas en una olla. Cubrir con agua y agregar sal. Llevar a ebullición y cocer durante unos 30 min o hasta que estén tiernas. Una vez pasado el tiempo, escurrir y dejar que se enfríen. Cuando se puedan manipular sin quemarse, pelarlas y reservarlas en un cuenco.

Lavar los pimientos y secarlos. Poner una sartén con el aceite de oliva suave en el fuego y freírlos ligeramente, dándoles la vuelta. No deben cocerse demasiado. Cuando estén listos, retirar y escurrir el excedente de aceite sobre papel de cocina. Una vez fríos, pelarlos con cuidado de no romper la carne.

Pelar la chistorra y picar la carne. Pelar y picar los ajos y las chalotas. Poner una sartén al fuego vivo con un chorrito de aceite de oliva y saltear la carne de chistorra, separándola con una espátula. Cuando la chistorra esté bien salteada, añadir los ajos y las chalotas. Proseguir con la cocción e incorporar al cuenco de las patatas. Aplastar con un tenedor y mezclar bien. Rectificar la sazón e introducir el puré en una manga pastelera.

Con la ayuda de una puntilla, hacer una incisión a lo largo de 8 cm en los pimientos, desde el pedúnculo hacia abajo. Rellenarlos con cuidado, evitando que se nos rompan, con la crema de patata y chistorra. Darles forma. Pintar los pimientos con aceite de oliva para que brillen y partirlos por la mitad al bies.

Para preparar la salsa, pelar y laminar los dientes de ajo. Dorarlos en una sartén al fuego con un chorro de aceite de oliva. Incorporar los pimientos del piquillo, salpimentar y rehogar ligeramente. Pasar la preparación al vaso de la batidora y triturar. Verter un poco del jugo de la conserva de los piquillos y agregar un chorrito de aceite de oliva. Triturar hasta que la salsa quede fina y homogénea.

Para emplatar, dibujar un círculo con la salsa en el plato. Colocar los pimientos y rematar con un poco de flor de sal y pimienta y rociar con un chorrito de aceite de oliva.

Trucos Torres

- Los pimientos hay que pelarlos con mimo. De la misma manera, se deben freír con cuidado, sin pincharlos, para que queden enteros. No conviene excederse en el tiempo de fritura, pues de lo contrario se desharán al manipularlos.

- El relleno, llamado «patata mortero», es una guarnición clásica que puede acompañar a muchos otros platos, especialmente carnes a la brasa o a la plancha. Si la chistorra no gusta demasiado, se puede preparar con beicon (ver pág. 92). También se puede sustituir por jamón serrano.

- En el momento de dorar el ajo, hay que evitar que se tueste demasiado, pues si esto ocurriera, amargaría y estropearía el plato. Una de dos: o se dora a fuego muy suave o si se hace a fuego vivo, hay que mover la sartén manteniéndolo en ella apenas unos segundos.

- La salsa de pimientos del piquillo es una guarnición perfecta para acompañar pescados como la merluza o el bacalao. Además, se pueden preparar los pimientos sin triturar: enteros o cortados en juliana.

Esta salsa de piquillos combina con multitud de verduras (cebollas asadas, ensaladas...), pescados (bacalao, merluza...) o carnes (rojas, blancas...).

Para hacer el puré, elegir patatas que sean del mismo tamaño para que se cocinen todas por igual y en el mismo intervalo de tiempo.

PILPIL DE PIMIENTOS DEL PIQUILLO

Para 4 **personas**

1 tarro de pimientos del piquillo en conserva
1 diente de ajo
1 guindilla de Cayena
Perejil
Aceite de oliva virgen extra
Sal y pimienta

Escurrir los pimientos del piquillo y conservar el jugo. Pelar y laminar los ajos. Poner una sartén al fuego con un chorro de aceite de oliva y dorar levemente los ajos a fuego medio. A continuación, incorporar los pimientos del piquillo y marcarlos.

En este momento, agregar todo el jugo de la conserva y un poco más de aceite. Hay que tener más o menos la misma cantidad de jugo que de aceite (ver Trucos Torres). Cocer sin dejar de mover suavemente la sartén (el típico movimiento del pilpil) para que la salsa quede bien ligada.

Cuando esté al punto, retirar la sartén del fuego y espolvorear con perejil picado la preparación. Ya estará lista para acompañar el plato que se desee.

Trucos Torres

- Esta fácil, sabrosa y vistosa guarnición bien vale para un pescado, una pasta o un buen chuletón (ver pág. 192). Se trata de una preparación muy empleada en el norte del país, donde se suele servir para acompañar bacalao o merluza fresca.

- El pilpil es una salsa que tradicionalmente se cocina con bacalao, cuyo colágeno ayuda a ligarla. En cambio, en esta receta, dicha función la cumple la pectina contenida en el jugo de la conserva. Según la textura que se desee conseguir, se tendrán que combinar los dos ingredientes que conforman esta salsa: el jugo de la conserva (o agua) y el aceite de oliva. En cuanto a este segundo ingrediente, no hay que excederse en las cantidades, pues la salsa se podría cortar.

Se recomienda usar una cazuela de barro.

Para conseguir un pilpil bien ligado, antes de añadir el aceite de oliva, se recomienda reducir primero el líquido de la conserva (por lo que la pectina estará más concentrada).

SALSA DE PIMIENTOS CHORICEROS Y FRUTOS SECOS

350 g aprox.

4-5 pimientos choriceros
3 tomates de rama
25 g de almendras tostadas
25 g de avellanas tostadas
25 ml de aceite de oliva
2 rebanadas de pan
2 cabezas de ajo
1 ramita de perejil
Vinagre de vino blanco
Aceite de oliva virgen extra
Sal y pimienta

Poner los pimientos choriceros en remojo con agua templada durante 30 min. Cuando los pimientos estén hidratados, secarlos y rasparles la pulpa, desechando las pepitas. Reservar.

Precalentar el horno a 180 °C.

Lavar los tomates, secarlos y embadurnarlos con aceite de oliva virgen extra. Embadurnar también las cabezas de ajo. Envolver estas hortalizas en papel de aluminio y disponer en una bandeja refractaria. Introducir la bandeja en el horno y asar las hortalizas durante unos 30 min. Cuando estén en su punto, retirar, dejar enfriar y pelar. Reservar.

Mientras tanto, en una sartén con un chorro de aceite de oliva virgen extra freír los frutos secos hasta que tomen color. Retirar de la sartén. En el mismo aceite, freír las rebanadas de pan y retirar. Por último, freír el perejil a fuego muy suave y retirar.

En el vaso de la batidora, disponer los tomates, los ajos, los frutos secos, el pan y el perejil, y la pulpa de los pimientos choriceros. Triturar hasta conseguir una pasta homogénea. Agregar el aceite de oliva poco a poco sin dejar de batir. Cuando la crema se haya ligado, verter el vinagre y volver a batir para que se incorpore totalmente. Por último, salpimentar y reservar en la nevera durante unas 2 h para que tome consistencia. También se puede realizar un baño maría invertido para enfriar la salsa.

Trucos Torres

- Es una salsa sumamente versátil que puede acompañar carnes, pescados y verduras.

- En función del plato escogido, se puede elaborar más espesa (por ejemplo, para untar unas costillas de cordero a la brasa, un lomo a la plancha o unas verduras en tempura o crudités) o más ligera, diluyéndola con agua, caldo o fumet (para usarla como base para un lomo de bacalao o de merluza o una menestra de verduras).

- Asimismo, se puede emplear tanto fría como caliente, al gusto del consumidor.

- Puede potenciarse el sabor de alguno de los ingredientes, como el ajo, añadiendo más cantidad de este.

Si la salsa se cortara, para recuperarla basta con incorporarle algo de líquido (agua, caldo o fumet) y volver a batir. No obstante, su textura será más ligera, algo que hay que tener en cuenta a la hora de servirla.

Tomate

El tomate es originario del Perú y llegó a España en el siglo XVI. Se consideró durante mucho tiempo un fruto venenoso y hasta el siglo XVIII fue una planta meramente ornamental. Se cree que los primeros tomates cultivados en Italia eran de color amarillo, lo que explicaría que el botánico italiano Pietro Andrea Mattioli los describiera como *pomo d'oro*, «manzana dorada», de ahí su nombre *pomodoro* en italiano. Esta hortaliza es una interesante fuente de fibra, minerales y vitamina C y E. Contiene gran cantidad de agua y, por lo tanto, muy pocas calorías. Se puede encontrar en el mercado todo el año, pero es preferible consumirlo en verano, su mejor temporada.

«Es nuestro ingrediente fetiche: al natural, en zumo, para preparar salsas y cremas… Presenta infinitas posibilidades».

VARIEDADES

PARA ENSALADA

Son las variedades con frutos llenos y carnosos, aunque también hay algunos bastante vacíos, como el de Montserrat.

Rosa de Barbastro

Es de color rosáceo, suele ser grande y a veces deforme. Tiene la piel muy fina y una pulpa con muy poca acidez.

Raf

Se cultiva sobre todo en la zona del levante de Almería. Es carnoso y jugoso, de sabor dulce.

Montserrat

De forma lobulada y buen tamaño, presenta un fruto bastante vacío pero muy sabroso.

Cherry

Es pequeño y con mucho sabor. Su forma puede ser alargada o redonda, y su color también es variable (rojo, amarillo, verde, etc.).

PARA COCINAR

La variedad más habitual para este uso es la **Daniela**, de fruto esférico y muy jugoso. También destacan:

En rama (o de colgar)

Se llama así porque sus ramilletes se cuelgan para guardarlos todo el año. Es más carnoso, ideal para untar el pan con tomate, y para salsas, ya que contiene menos agua.

Pera

Como su nombre indica, su forma recuerda a esta fruta. Destaca por su cantidad de pulpa, su sabor suave y un color rojo intenso. También se le llama tomate roma.

TOMATE SECO

Es un producto muy popular en el sur de Italia. Los tomates se dejan secar al sol para que pierdan el agua, así se intensifica su sabor. Son ideales para preparar diferentes tipos de salsas que acompañen carnes, pastas o ensaladas. La variedad Daniela es la mejor. Para descubrir cómo desecar tomates en casa, ver pág. 46.

De colgar

Daniela

Montserrat

Cherry

Raf

Trucos Torres

- El de rama y el de pera son los mejores para triturar y para hacer tomate *concassé* (ver pág. 23).

- Para pelar el tomate más fácilmente, se puede escaldar previamente en agua hirviendo durante unos segundos y, a continuación, sumergirlo en un baño de agua con hielo para cortar la cocción. Hay que tener en cuenta que si se deja en el agua una vez escaldado, la piel se vuelve a pegar y cuesta aún más retirarla.

- Las semillas, gelatinosas y con mucho sabor, se pueden agregar a la ensalada para darle un aspecto diferente. Se deben extraer con cuidado para no aplastarlas.

TOMATES EN CONSERVA CASEROS

Para preparar tomate en conserva en casa, primero hay que esterilizar los frascos de cristal y sus tapas, sumergiéndolos en agua hirviendo durante 5 min. Escurrir y dejar secar.

Luego escaldar los tomates (que deben estar maduros) en agua hirviendo durante 2 min.

Pelarlos y cortar la parte superior (por donde estaba adherido a la planta), que es la más leñosa. Luego despepitarlos, pero con cuidado para quede la pulpa.

Introducir los tomates en los frascos y presionarlos para que quede la menor cantidad de aire posible entre ellos. Terminar de rellenar los tarros con aceite de oliva virgen extra.

Cerrarlos herméticamente con su tapa e introducirlos de pie en una olla, poniendo un paño de cocina en la base y entre ellos para evitar que se golpeen. Cubrir con agua hasta dos dedos por encima de las tapas y hervir durante 15 min. Pasado el tiempo, retirar del fuego la olla y enfriar a temperatura ambiente.

Cuando estén completamente fríos, retirar los tarros de la olla, secarlos y etiquetarlos con la fecha de preparación.

Guardar en un lugar fresco y oscuro.

CREMA DE TOMATE CON MOZZARELLA Y ANCHOAS

Para 4 personas

1 kg de tomates pera
400 ml de caldo de cocido (ver pág. 27)
200 g de cebolla
40 ml de nata líquida
2 dientes de ajo
1 ramita de albahaca
Miel al gusto
Aceite de oliva virgen extra
Sal y pimienta

Para la guarnición
12 filetes de anchoas en aceite
12 bolas pequeñas de mozzarella
Aceite de oliva virgen extra

Lavar los tomates, secarlos y cortarlos en cuartos. Pelar la cebolla y cortarla en juliana.

Poner una cazuela al fuego con un chorro de aceite de oliva y dorar los ajos, pelados y enteros. Incorporar la cebolla y rehogar sin que tome color. A continuación, agregar el tomate y la albahaca y continuar con la cocción hasta que todo quede bien pochado. Salpimentar y añadir la miel, pero solo un poco para quitar la acidez de los tomates. Remover.

Seguidamente, incorporar el caldo de cocido y proseguir con la cocción unos 30 min o hasta que todo esté bien cocido. Pasado el tiempo, triturar todo con la batidora hasta conseguir una crema fina. Rectificar la sazón y, por último, verter la nata líquida. Mezclar bien y pasar la crema por un colador de malla. Dejar que se enfríe a temperatura ambiente y luego reservar en la nevera durante 2 h.

A la hora de servir, verter la crema en el plato y disponer 3 bolas de mozzarella y 3 filetes de anchoa en el centro. Rociar con un chorrito de aceite y decorar con unas hojas de albahaca.

Trucos Torres

- Cuando se deja enfriar en la nevera, la crema queda más espesa, por lo que puede que se tenga que añadir más caldo.

- Esta crema también se puede consumir en caliente. En este caso, se tendrán que sustituir las anchoas y la mozzarella, por ejemplo, por unos picatostes o unas verduras cortadas en juliana y salteadas, e, incluso, unos mejillones sin valva o unas gambitas.

- Para aromatizarla, se ha empleado albahaca, que armoniza perfectamente con el sabor del tomate, pero se puede usar cualquier otra hierba aromática, como orégano, tomillo o romero, eso sí, siempre frescos.

- Los tomates de la variedad pera son ideales para cremas, como es el caso de esta receta, pues contienen mucha pulpa y agua. No obstante, los de colgar o los de rama también pueden servir.

En rama o de colgar

Variedad pera

TARTAR DE TOMATE EN CONSERVA, ACEITUNAS MUERTAS Y TOMILLO LIMÓN

Para 4 personas

520 g de tomate en
conserva entero y
pelado (ver pág. 40)
2 chalotas
2 yemas de huevo
½ lima
8 aceitunas muertas
de Aragón
1 ramita de tomillo limón
4 cucharaditas de
mostaza de Dijon
4 cucharaditas de
mostaza a la antigua

Aceite de oliva
virgen extra
Tostas para acompañar
Flor de sal
Sal y pimienta

⭐ PARA EL ACEITE PICANTE

100 ml de aceite de oliva
virgen extra
4-5 guindillas

Para preparar el aceite picante, poner el aceite en un cazo junto con las guindillas. Calentar unos minutos sin que llegue a hervir. Reservar y dejar macerar unas 12 h.

Poner los tomates en conserva en un escurridor o colador. Pelar si fuera necesario. Presionar los tomates con las manos con cuidado de no aplastarlos demasiado y dejar que escurran en el colador en la nevera durante unas 2 h.

Una vez transcurrido el tiempo, encima de una tabla y con el cuchillo cebollero, cortar los tomates en dados de 2 mm de lado hasta conseguir lo más parecido a un tartar de carne. Volver a poner en el escurridor, dentro de la nevera, 1 h más.

En un cuenco disponer el tomate y agregar las yemas, las mostazas, la chalota cortada en *brunoise*, unas gotas de lima, sal, pimienta negra recién molida, unas gotas del aceite picante y un buen chorro de aceite de oliva virgen extra. En este momento, añadir nuestro toque picando las aceitunas muertas deshuesadas y el tomillo limón.

Remover con cuidado realizando movimientos envolventes con la ayuda de una cuchara. Introducir en el congelador unos minutos antes de servirlo o usar un baño maría invertido: un cuenco dentro de otro que contiene agua con hielo para enfriar el contenido. Emplatar con la ayuda de un aro, rociar con aceite de oliva y unos copos de flor de sal. Acompañar con las tostas.

Trucos Torres

- El aliño de este plato es básico, pues no hace falta enmascarar con otros sabores este delicioso tartar de tomate. No obstante, hay muchos otros que pueden combinar perfectamente: salazones (anchoas), encurtidos (alcaparras, pepinillos), hierbas aromáticas (albahaca, cilantro), aceites aromatizados (de ajo) o especias (comino, coriandro). Una recomendación general en cuanto a los aliños es no pasarse con la cantidad y adecuarlos a los sabores de los ingredientes principales de la receta.

- El jugo de la conserva de tomate se puede emplear a modo de tomate triturado. Pero, al no tener mucho sabor y poca pulpa (es más parecido a un zumo), se recomienda su uso como complemento de otros ingredientes, por ejemplo, en sofritos, salsas, gazpachos o cócteles.

- Aunque en esta ocasión se acompaña el tartar con unas tostas, hay muchas más opciones, como, por ejemplo, emplearlo en una ensalada o como relleno de una fajita o de un tomate previamente vaciado.

La aceituna muerta de Aragón tiene una textura blanda y aceitosa. Muerta por el frío, se recoge ya madura, después de una noche de helada.

Termina el plato con unas gotas de aceite de albahaca (ver pág. 137).

La lima se puede sustituir por limón, bergamota o alguna otra variedad de limón.

PASTA FRESCA CON TOMATE SECO Y ACEITUNAS

Para 4 **personas**

100 g de aceitunas de Kalamata

80 g de parmesano

30 g de mantequilla

Unas ramitas de orégano fresco

Aceite de oliva virgen extra

Sal y pimienta

★ **PARA EL TOMATE SECO**

6 tomates Daniela

2 dientes de ajo

Aceite de oliva virgen extra

Azúcar

Sal y pimienta

★ **PARA LA PASTA FRESCA**

300 g de harina de trigo

3 huevos y sal

Precalentar el horno a 60-70 °C. Para preparar los tomates secos, lavarlos, secarlos y escaldarlos en una olla con agua hirviendo durante 10 s. Colar y pelar. Cortarlos en cuartos y retirarles la parte interior para que quede solo la pulpa. Forrar una bandeja refractaria con papel de horno y disponer los tomates en ella. Aliñarlos con un chorro de aceite de oliva, sal, pimienta y azúcar. Pelar los dientes de ajo y cortarlos en láminas finas. Disponer una lámina de ajo sobre cada cuarto de tomate. Introducir la bandeja en el horno y secar los tomates durante 12 h. Pasado el tiempo, retirar la bandeja del horno, desechar las láminas de ajo y cortar los tomates en juliana.

Para preparar la pasta, disponer la harina en un cuenco junto con los huevos y sal, y amasar hasta lograr una preparación que no se pegue a las paredes del cuenco. Reservar la masa tapada con un trapo en la nevera durante 30 min. Pasado el tiempo, estirarla hasta conseguir un grosor de 1 mm. Cortar la masa en tiras largas de 2 cm de ancho.

Poner una olla con agua abundante y sal al fuego. Cocer los tallarines durante apenas 2 min para que queden al dente. Escurrir y disponer en una sartén al fuego. Agregar un poco del agua de la cocción, la mantequilla, un chorro de aceite de oliva, la juliana de tomate seco y las aceitunas troceadas. Dar unas vueltas y añadir el parmesano rallado. Servir decorado con unas hojas de orégano frescas picadas y un cordón de aceite de oliva.

Trucos Torres

■ En la receta, se ha usado tomate Daniela por su tamaño: esta hortaliza al secarse pierde agua y mengua, por lo que esta variedad garantiza un resultado óptimo. No obstante, también se puede emplear tomate pera o de rama. En cuanto a las aceitunas, pueden usarse otras variedades: manzanilla, gordal o muerta de Aragón son otras excelentes opciones.

■ La pasta fresca admite cientos de formas y tamaños. Se pueden preparar macarrones, espaguetis o raviolis, aunque los más fáciles de preparar son los tallarines que se proponen en esta receta. Lo ideal es contar con una máquina para estirar y cortar la pasta, pero con un simple rodillo y un buen cuchillo se logra un resultado perfecto, con un toque más artesanal. Por otro lado, la masa puede enriquecerse aportándole otros ingredientes: se pueden emplear especias o hierbas, siempre y cuando estén deshidratadas.

Si entre los comensales se encontrara algún celíaco, bastará con sustituir la harina de trigo por la de maíz y añadir 1 cucharada de aceite, que le proporcionará más elasticidad a la masa.

Opción vegana: para preparar la pasta sin huevo, mezclar 250 g de harina de trigo, 50 g de semolina (trigo de grano duro), 150 g de agua, 1 cucharada de aceite y 1 pizca de sal.

Después de elaborar la pasta fresca, es conveniente colgarla para que se seque ligeramente y que luego no se nos pegue.

AJO

Además de ser un producto básico en nuestra gastronomía, el ajo tiene múltiples beneficios para nuestro organismo, ya que posee propiedades antiinflamatorias y mejora los problemas respiratorios. Asimismo, es una excelente fuente de vitaminas B_6 y C y minerales, además de contener aliina, la sustancia más importante presente en el ajo. Al cortarse o machacarse un diente, esta sustancia entra en contacto con una enzima y se transforma en alicina, altamente volátil y causante del fuerte sabor y picor que lo caracterizan.

«Los ajos secos, al tener menor cantidad de agua, concentran más su sabor, pudiendo incluso llegar a ser amargos».

VARIEDADES

Rosados o violetas: son los más fuertes y picantes, especialmente los rosados.

Morados: tienen un sabor fuerte, pero sutil y elegante, con un picante intenso. Son los más apreciados en gastronomía. Destaca, en este grupo, el ajo morado de Las Pedroñeras: tiene la piel exterior blanca, pero la que envuelve el diente es morada.

Blancos: constituyen la variedad más común. Su sabor es moderado y menos aromático.

DO/IGP LAS PEDROÑERAS

Conocida como la capital del ajo, Las Pedroñeras, en Cuenca, es una población de fama mundial. Sus suelos arcillosos, extendidos por la región natural de La Mancha, son perfectos para el cultivo del ajo morado de regadío, que es un ecotipo autóctono perteneciente a la variedad de ajo morado de esta provincia.

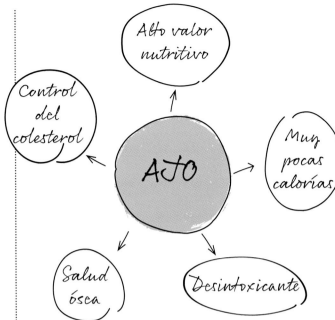

Alto valor nutritivo · Control del colesterol · AJO · Muy pocas calorías · Salud ósea · Desintoxicante

¿QUÉ ES EL AJO NEGRO?

Se trata de un ajo que ha sido fermentado durante cuarenta días a una temperatura constante de 60 °C hasta perder toda el agua y concentrar los azúcares. Además, se vuelve casi inodoro y pierde su sabor original y, en su lugar, proporciona sabores dulces que recuerdan a café, regaliz, malteados, balsámicos..., pero gana en propiedades. Se puede tomar casi como una gominola. El ajo negro fue descubierto por un científico japonés de forma accidental. Ocurrió cuando intentaba disminuir su aroma mediante un proceso de fermentación y ahumado con la humedad controlada durante un mes.

Trucos Torres

- Para pelar más fácilmente los ajos, se pueden sumergir previamente en agua tibia durante unos minutos. También se pueden aplastar los dientes con la hoja de un cuchillo.

- Contrariamente a la creencia popular, quitar el germen del ajo no evita que nos repita.

- El ajo se incluye en numerosas recetas de pescado y carne en cualquier punto de la elaboración, tanto al principio, para aromatizar guisos, sofritos o caldos, como al final, para potenciar el sabor del plato (ver pág. 50) en fórmulas como el *allnegat* (ajo triturado con aceite).

SALTEADO DE AJETES, CALAMAR Y MORCILLA

Para 4 personas

300 g de ajos tiernos (ajetes)
440 g de calamar de potera
460 g de morcilla de arroz de Burgos
10 ml de aceite de oliva suave
1/2 lima
1 ramita de perejil
Sal y pimienta

⭐ PARA EL ACEITE DE AJO CRUDO

10 g de aceite de oliva virgen extra

2 dientes de ajo morado

Limpiar los ajetes de tierra y quitarles la primera piel que los envuelve y la parte de las raíces. Lavar y cortar al bies en segmentos de unos 2 cm. Reservar.

Limpiar el calamar: separar las patas del cuerpo y quitarles la boca y el interior, junto con la vaina transparente que lo recorre. Lavarlo con agua y secarlo con papel de cocina. En una tabla, cortar el calamar a la juliana y separar las patas una por una. Reservar.

Pelar la morcilla y cortarla en pequeños trozos. Reservar.

Triturar los ajos con el aceite de oliva suave para conseguir un aceite de ajo crudo. Reservar.

Poner al fuego una sartén con un chorrito de aceite de oliva suave. Cuando esté bien caliente, saltear la morcilla e ir separándola con la ayuda de una espátula, hasta que esté dorada y crujiente.

Añadir los ajetes y seguir salteando con el fuego alto. Cuando los ajetes hayan cogido color, incorporar el calamar cortado en juliana y saltear unos segundos más.

Salpimentar y retirar del fuego, agregar una cucharadita de aceite de ajo crudo y unas gotas de lima.

Disponer el salteado en un plato hondo y terminar con un poco de perejil picado.

Trucos Torres

▪ Los ajetes se pueden escaldar previamente antes de saltearlos. En un cazo con agua hirviendo, escaldarlos 10 segundos antes de introducirlos en un baño de agua con hielo para cortar la cocción. Escurrir y reservar.

▪ Cuando se limpie el calamar, reservar la bolsa de tinta, sin cortarla y con cuidado de que no se reviente, y congelarla. Si se quiere preparar arroz negro o fideuá, calentar un poco de agua o fumet. Introducir la bolsa de tinta y deshacerla. Llevar a ebullición y verter con un colador sobre la preparación.

▪ Dorar la morcilla con el fuego alto, pero con cuidado, ya que al ser un embutido de un color tan oscuro, es fácil que se nos queme sin darnos cuenta y entonces amargaría el plato.

▪ Al final del montaje del plato, se puede sustituir el perejil picado por otras hierbas aromáticas, como cebollino, romero, salvia u orégano.

Con la misma base de este plato, se pueden preparar otros. Añade unos huevos y cocina un revuelto, una tortilla o incluso una quiche (tarta salada).

No es necesario que el calamar sea de potera: el calamar de arrastre es mucho más económico.

La morcilla de arroz de Burgos se elabora a base de sangre y arroz, junto con cebolla, manteca de cerdo, pimentón, sal y especias.

El aceite de ajo crudo con que se aliña el plato al final es tan potenciador de sabor como la propia sal.

SOPA DE AJO CON HUEVOS DE CODORNIZ

Para 4 personas

1 l de caldo de cocido
  (ver pág. 27)
100 g de jamón ibérico
  en un trozo
60 ml de aceite de oliva
8-10 rebanadas de pan
  seco (unos 50 g)
4 huevos de codorniz
2 cabezas de ajo
1 cucharadita de
  pimentón ahumado
1 hoja de laurel

⭐ **PARA LA PICADA**
6 almendras tostadas
6 avellanas tostadas
1 diente de ajo
1 pizca de azafrán
Sal y pimienta

Desgranar las cabezas de ajo y pelar los dientes. Después, laminarlos. Cortar el jamón ibérico en dados pequeños. Cortar el pan en rebanadas y tostarlas (en el horno o en una tostadora).

Poner una cazuela al fuego con el aceite de oliva. Cuando esté caliente, echar los ajos y dorarlos. Una vez listos, retirarlos y reservar. Incorporar entonces a la cazuela, con el mismo aceite, los dados de jamón, la hoja de laurel y las rebanadas de pan tostado. Remover suavemente y retirar la cazuela del fuego. Agregar el pimentón, tostarlo durante unos segundos y verter el caldo de cocido. Devolver la cazuela al fuego. Añadir a continuación los ajos reservados y cocer el conjunto entre 15 y 20 min a fuego medio.

Mientras tanto, para preparar la picada, en un mortero majar los dientes de ajo previamente pelados junto con una pizca de sal. Cuando estén bien triturados, incorporar el resto de los ingredientes y continuar majando hasta lograr una pasta de textura homogénea.

Unos minutos antes de terminar con la cocción de la sopa, añadir a la cazuela la picada y remover bien hasta que se haya incorporado por completo. Continuar con la cocción unos 2 min más y retirar del fuego. Salpimentar al gusto. Repartir la sopa en 4 cuencos resistentes al calor y cascar en cada uno de ellos un huevo de codorniz. Introducir los cuencos en el horno precalentado a temperatura media para que se cuajen los huevos. Una vez listos, retirar y servir de inmediato.

Trucos Torres

- El ajo es un ingrediente que se debe cuidar con esmero. Para lograr unas láminas de ajo perfectamente doradas, hay que tener en cuenta una serie de normas: el aceite debe estar caliente, lo justo para que se doren, pero sin que se quemen; no hay que dejar los ajos demasiado rato en el fuego y conviene remover con una cuchara de madera o sacudir levemente la sartén durante la cocción. De lo contrario, pueden quemarse, y con ello estropear el sabor y el aroma de cualquier plato.

- Uno de los trucos más socorridos a la hora de hacer una picada en un mortero es poner en primer lugar la sal, pues de esta manera se impide que los demás ingredientes (ajo, frutos secos, etc.) «bailen» al intentar majarlos con la mano del mortero.

- La sopa de ajo es un plato de origen castellano en el que se puede incluir cualquier ingrediente que esté «olvidado» en la nevera o en la despensa. Por ejemplo, se puede completar con unos ajetes previamente salteados o añadirle unos retales de queso o algún otro embutido picado finamente.

- Es importante tostar pocos segundos el pimentón y añadir seguidamente el caldo de cocido. Si se quemara esta especia, el plato amargaría.

Huevos de codorniz

ALIOLI DE AJOS CONFITADOS

El alioli es una salsa originaria de Cataluña, aunque ha conquistado muchos otros territorios del país. Se trata de una fórmula muy versátil que puede acompañar tanto carnes y pescados como arroces o fideos (por ejemplo, la famosa fideuá).

Para 250 g

1 huevo
1 cabeza de ajo
200 ml de aceite de oliva suave
Sal

Pelar los dientes de ajo y disponerlos en un cazo. Agregar el aceite de oliva y confitarlos a fuego muy suave (unos 80 °C) hasta que estén muy tiernos. Controlar que el aceite no burbujee en ningún momento. Si fuera necesario, retirar el cazo del fuego, con el fin de reducir la temperatura de este durante unos segundos, para después devolver al calor y continuar la cocción.

Para montar el alioli, disponer el huevo junto con la sal en el vaso de la batidora y batir. Incorporar entonces los ajos y agregar poco a poco el aceite (en un hilo) sin parar de batir, realizando un movimiento de arriba abajo con de la batidora con el fin de ligar la salsa.

Otra forma de elaborarlo es disponer los ajos, el huevo, la sal y el aceite, por este orden, en el vaso de la batidora. Colocar entonces el brazo de la batidora en el fondo del vaso, tocando la base de este, y comenzar a batir subiendo poco a poco el brazo a medida que la salsa se vaya ligando.

El típico mortero valenciano para preparar alioli.

Trucos Torres

- Esta salsa se elabora tradicionalmente en un mortero majando primero los ajos crudos. Luego se liga con el aceite, que se vierte en un fino hilo en un proceso muy lento que requiere altas dosis de paciencia. Para facilitar su elaboración, hemos incorporado un huevo a la receta tradicional.

- Al llevar huevo, esta salsa se puede gratinar: en platos como el bacalao gratinado con alioli y miel es imprescindible, pues aporta tanto textura (el crujiente de la superficie frente a la cremosidad del interior) como un sabor inigualable en caliente.

- Otra manera de asar los ajos: envolver las cabezas (sin desgranarlas ni pelar los dientes) en papel de aluminio, agregar un chorrito de aceite de oliva y cocerlas en el horno a 160-180 °C unos 30 min o hasta que estén tiernas. Una vez pasado el tiempo, retirarlas del horno y dejarlas enfriar. Partir las cabezas por la mitad con un cuchillo y apretar con los dedos para que los dientes ya asados se suelten con facilidad de la piel.

Para aquellos que deban excluir de su dieta el huevo, pueden sustituirlo por 50 ml de leche entera o por algún sustituto vegetal. No obstante, en este caso, la salsa solo se podrá ligar de la siguiente manera: disponer la leche, los ajos y la sal en el vaso de la batidora y batir sin parar de arriba a abajo, agregando el aceite poco a poco en un hilo.

BERENJENA

La berenjena es originaria de Asia y fue introducida en el norte de África y en Europa por los árabes en la Edad Media. Su cultivo abunda, sobre todo, en verano.
En nuestro país, además de las variedades de la fotografía, destacan la larga negra; la redonda morada, de grandes dimensiones, y la de Almagro, pequeña y ovalada, que se acostumbra a preparar encurtida.

« ¿La mejor manera de comer berenjenas? ¡Fritas! ¿La más sana y natural? ¡A la llama o al horno, que es como nos las hacía nuestra abuela Catalina! ».

Redonda negra

Larga morada

Redonda blanca

Rayada

MOUSSE DE BERENJENA CON CRUDITÉS

Para 4 personas

4 berenjenas
150 g de garbanzos cocidos (ver pág. 161)
100 g de aceitunas de Kalamata
½ limón
1 cucharadita de tahina
Aceite de oliva virgen extra
Sal y pimienta

Para las crudités
1 calabacín
1 pepino
2 zanahorias
4 ramas de apio

Precalentar el horno a 180 °C. Limpiar las berenjenas y embadurnarlas con aceite de oliva. A continuación, envolverlas con papel de aluminio y disponerlas en una fuente refractaria. Introducirla en el horno y asarlas durante unos 45 min o hasta que estén tiernas. Pasado el tiempo, dejar enfriar totalmente y después retirar la pulpa con la ayuda de una cuchara.

Disponer la pulpa de berenjena en el vaso de la batidora y agregar los garbanzos cocidos. Triturar y añadir la tahina y un buen chorro de aceite de oliva. Seguir triturando hasta lograr una preparación ligada, untuosa y sin grumos. Salpimentar e incorporar un chorro de zumo de limón. Mezclar bien y pasar el puré por un colador fino. Picar las aceitunas de Kalamata y agregar al puré de berenjena. Tapar el recipiente con papel de film y reservar en la nevera durante 1 h.

Para preparar las crudités, lavar y pelar las zanahorias y el pepino. A continuación, cortarlas en forma de bastoncillos de unos 10 cm de largo. Lavar las ramas de apio y cortarlas si fueran demasiado grandes. Lavar y cortar en bastoncillos el calabacín. Servir en un cuenco la crema de berenjena acompañada de las crudités.

Trucos Torres

- Esta mousse de berenjenas de estilo oriental acepta multitud de *toppings*. En vez de emplear las aceitunas de Kalamata, se puede añadir, por ejemplo, pimiento escalibado, unas anchoas picadas o un queso feta desmigado como colofón.

- Las crudités aportan a esta intensa crema de berenjena el frescor necesario, pero la misma función harán unos picatostes.

- Con esta mousse de berenjena también se puede untar una rebanada de pan de pueblo tostada, regándola con un buen chorro de aceite de oliva virgen extra y espolvoreando por encima una pizca de flor de sal.

- Elegir para esta crema las variedades de berenjena con menos semillas, pues de este modo su textura será mucho más suave. Nosotros hemos empleado la berenjena común (redonda, de piel morada muy oscura), pero vale la pena experimentar con otras menos conocidas, por ejemplo, las rayadas o las alargadas.

BERENJENAS A LA LLAMA CON ESPECIAS

Para personas

1,5 kg de berenjenas
(4 unidades)
4 yemas de huevo

⭐ **PARA LA MEZCLA
DE ESPECIAS**
1 diente de ajo
½ cucharadita
de comino

1 cucharada de coriandro
en grano
1 cucharada de mostaza
½ cucharadita de
eneldo seco
El zumo de ½ lima
4 cucharadas de aceite
de oliva virgen extra
Flor de sal y pimienta

Lavar las berenjenas y secarlas bien. En la llama del fuego de gas (si se puede en la brasa, mucho mejor), quemarlas por todos los lados durante unos minutos hasta que la piel esté completamente chamuscada y el interior resulte tierno.

Seguidamente, envolver las berenjenas en papel de horno y dejar en reposo durante 30 min. Si una vez pasado este tiempo las berenjenas no han quedado bien cocidas, introducirlas en el horno precalentado a 180 °C durante 10 min. Reservar hasta que estén frías por completo.

Para preparar la mezcla de especias, majar en el mortero el coriandro, el comino y el diente de ajo, previamente pelado. Incorporar entonces el eneldo, el tomillo y el romero seco. En un cuenco aparte, mezclar la mostaza y el zumo de lima y agregar al mortero. Salpimentar y verter el aceite poco a poco, sin dejar de remover con la mano de mortero para que la salsa se ligue.

Pelar las berenjenas, retirando cuidadosamente las partes quemadas (que amargan) y picarlas con el cuchillo. Distribuirlas en 4 platos y salpimentar.

Con una cuchara, salsear las berenjenas con la salsa de especias, pero sin excederse, ya que la combinación de las dos preparaciones resulta muy intensa. A continuación, incorporar en el centro de cada plato una yema de huevo. Por último, verter un chorro de aceite de oliva virgen extra en cada plato y espolvorear unos copos de flor de sal. Servir.

Trucos Torres

▪ Las mejores berenjenas para realizar este plato son las de calibre pequeño-mediano, pues tanto las características de su piel, más suave, como su tamaño evitarán que se deba emplear el horno para completar su cocción.

MEZCLA DE ESPECIAS

Esta mezcla de especias es todo un símbolo de identidad de los hermanos Torres. Constituye una base muy versátil, que potencia el sabor de muchos platos (carnes, verduras e, incluso, pescados). Lo único que debe tenerse en cuenta es su potente sabor, por lo que hay que emplearla con moderación. No obstante, se pueden cambiar las proporciones de los ingredientes con el fin de adecuarla a un plato concreto: por ejemplo, se puede añadir más zumo de lima para un pescado, o más cantidad de una especia en función del tipo de carne utilizada.

CALABAZA

El origen de esta cucurbitácea no está del todo claro, pero todo apunta a que proviene de Asia Meridional. Existen variedades de verano, de piel clara y fina, y de invierno, más dulces y de piel más gruesa. La calabaza está compuesta principalmente por agua. También es rica en fibra —es muy digestiva— y ayuda a la eliminación de líquidos. Destaca por su contenido en betacaroteno o provitamina A y vitamina C, y también en potasio. No conviene añadirle mucha sal porque tiende a absorberla muy fácilmente.

«Una de nuestras cremas de verdura preferidas es la de calabaza con un toque de chocolate blanco».

VARIEDADES

DE VERANO

Rondín

Tiene la corteza naranja y la pulpa blanquecina.

Espagueti

Es muy apreciada en cocina. Es alargada y tiene la pulpa de color amarillo. Una vez horneada, su interior se deshace en hilos gruesos que tienen apariencia de espagueti. Su gusto es fino y dulce.

DE INVIERNO

Confitera o de cabello de ángel

Sirve para elaborar el tradicional cabello de ángel una vez que ya han pasado entre 6 y 12 meses de su recolección.

Butternut, cacahuete o violín

Es otra de las variedades más apreciadas y se encuentra todo el año en el mercado. Tiene forma de pera alargada, piel fina y tanto la pulpa como la piel son anaranjadas.

Vasca o de Mallorca

Es peculiar por su forma alargada y sus tonos verdes oscuros y anaranjados.

Trucos Torres

- Es muy importante elegir la variedad idónea para cada receta. Por ejemplo, la violín o vasca resulta perfecta para cremas o purés.

- En verano se recomienda introducirla en la nevera dentro de una bolsa de plástico perforada. Se conserva durante una semana. En invierno se puede alargar su conservación hasta 6 meses.

- La calabaza se puede pelar con un pelador de hortalizas, aunque se tendrá que insistir más en la base para eliminar la piel leñosa y blanca de esta zona. Para cocerla, hay que cortarla en dados de 2-3 cm de arista, salpimentarlos, envolver en una papillota y hornear a 180 ºC durante unos 10 min. De esta forma, queda tierna y sabrosa y conserva todas sus propiedades nutritivas.

CON NOMBRES MÁGICOS

Aladino

Es una variedad que se cultiva tanto en verano como en invierno. Tiene una forma peculiar, que recuerda a un turbante, por este motivo es una variedad que suele utilizarse para la decoración. Sin embargo, también se puede cocinar, aunque tiene poca pulpa y muchos huecos en su interior.

Peter Pan

También llamada bonetera o Patisson, tiene forma de corona o estrella. Se puede encontrar en diferentes colores: verdosa, blanca, granate o casi negra. De carne muy fina y firme, cocida recuerda al puré de castaña. También las hay minis, parecidas en textura al calabacín. Si son tiernas, se pueden consumir incluso con la piel.

ESPAGUETIS DE CALABAZA A LA CARBONARA

Para 4 personas

1 kg de calabaza violín
Aceite de oliva
Cebollino

⭐ PARA LA CARBONARA

300 ml de nata líquida
250 ml de caldo de cocido (ver pág. 27)
100 g de panceta curada
60 g de queso parmesano rallado
30 g de mantequilla
1 yema de huevo
Sal y pimienta

Para elaborar los espaguetis, pelar la calabaza y lavarla. Con una mandolina, cortar láminas de unos 2 mm de grosor y lo más largas posible. Después, cortar las láminas en tiras finas, como si fueran espaguetis. Reservar.

Cortar la panceta en dados pequeños. Poner una cazuela al fuego con la mantequilla y fundirla dejando que se tueste ligeramente. Entonces, agregar los dados de panceta y dorarlos. Verter un chorro de caldo de cocido, desglasar y agregar el resto. Reducir el caldo y añadir la nata líquida. Continuar con la cocción hasta que la salsa tenga la consistencia deseada. Retirar la cazuela del fuego e incorporar el parmesano; remover hasta que se funda. A continuación, añadir la yema de huevo y volver a remover hasta que se incorpore del todo. Salpimentar.

En una sartén caliente con un chorrito de aceite, saltear los espaguetis de calabaza en dos o tres tandas hasta que se doren ligeramente y adquieran una textura suave. Salpimentar y disponerlos en una fuente. Salsearlos con la salsa carbonara y rematar el plato con un poco de cebollino picado.

Trucos Torres

◼ Aunque la receta original de la salsa carbonara no lleva nata líquida, en este caso se ha añadido un poco para aportar al plato untuosidad y un toque lácteo, que resulta perfecto en combinación con la textura más firme de los espaguetis de verdura.

◼ No se sabe a ciencia cierta el origen del nombre de la salsa carbonara. Hay dos teorías que destacan entre las demás: la primera de ellas sitúa su origen en los Apeninos (Italia), en cuyos pueblos habitaban los carboneros, que preparaban el carbón vegetal (*carbone*), por lo que este plato típico de la zona hizo honor a su profesión. La otra es quizá más prosaica, aunque igual de factible: la pimienta negra que se emplea obligatoriamente recordaría al carbón, y de ahí su nombre.

◼ Los espaguetis de verdura se pueden conseguir de diversas maneras. Una de ellas es mediante una mandolina, como en la receta, pero se pueden preparar tanto con un cuchillo (bien afilado) como con un instrumento ideado especialmente para ello: se trata de un utensilio en el que se introduce la pieza de verdura entera y se la hace girar sobre su eje para cortarla en forma de espaguetis. Se comercializa en tiendas de menaje del hogar.

 Si se quiere convertir en un plato vegano, las tiras de calabaza se pueden acompañar con salsa de tomate (ver pág. 66), sofrito (ver pág. 73) o pesto (ver pág. 138).

En lugar de panceta curada, se puede emplear panceta ahumada o beicon.

Se pueden hacer espaguetis con otras verduras, como calabacín (ver pág. 66).

BUÑUELOS DE CALABAZA Y COCO

Para 4 personas

1 kg de calabaza violín
200 ml de agua de la cocción de la calabaza
30 g de levadura fresca
50 g de miel
300 g de harina de trigo
200 ml de leche de coco
Canela en polvo
Aceite de oliva suave

Pelar y despepitar la calabaza.

1 Hervirla en una olla con agua hasta que esté tierna. Colocar después en un escurridor para que pierda todo el líquido y dejar atemperar. Reservar el agua de la cocción.

2 Una vez que esté la pulpa de calabaza a temperatura ambiente, aplastarla con un tenedor.

3 Mezclar la leche de coco, la miel y el agua de la cocción con la levadura fresca. En un cuenco aparte, poner la harina e ir agregándole la mezcla de la levadura, al mismo tiempo que se va trabajando la masa con las manos.

4 Una vez que vaya cogiendo cuerpo, añadir el puré de calabaza y mezclar hasta lograr una pasta homogénea. Cubrir el cuenco con un paño limpio y dejar que se fermente durante 1 h.

5 Pasado el tiempo, y cuando la masa haya triplicado su volumen, poner una olla al fuego con abundante aceite. Realizar los buñuelos con la ayuda de dos cucharas e ir friéndolos, girándolos para que se doren por todos los lados hasta que estén listos.

6 Retirar los buñuelos con una espumadera y depositarlos sobre papel de cocina para que absorban el excedente de aceite.

7 Por último, espolvorear los buñuelos con la canela y servir.

Una deliciosa variante de estos buñuelos consiste en regarlos, nada más salir de la fritura, con un buen chorro de chinchón, y acto seguido espolvorearlos con la canela.

Trucos Torres

■ Estos deliciosos buñuelos, típicos de Valencia, se pueden servir acompañados de chocolate fundido (regado por encima y, mejor si es blanco, pues es uno de los ingredientes que mejor maridan con estos dulces), nata montada, helado de vainilla o un coulis (ver pág. 102), lo que le aportará un toque ácido y fresco.

 La harina de trigo puede sustituirse de manera adecuada por la harina de pastelería sin gluten o alguna harina de otros cereales, por ejemplo, una mezcla de harina de arroz (65 %) y de maíz (35 %).

7

CALABACÍN

Esta hortaliza, muy versátil en la cocina, pertenece a la familia de las cucurbitáceas, la misma que la de las calabazas o los pepinos. Su origen es desconocido, pero se ha cultivado desde tiempos inmemoriales en zonas cálidas. Fueron los árabes quienes extendieron su cultivo por las zonas mediterráneas. En el norte de Europa no se popularizó su consumo hasta la Segunda Guerra Mundial.

Aunque hoy en día se puede encontrar en el mercado durante todo el año, es en verano cuando está más jugoso y sabroso. Es un ingrediente poco calórico, muy rico en minerales, especialmente en potasio.

«Los calabacines en flor o las flores de calabacín son simplemente poéticos en forma y sabor».

Hay calabacines de distinto tamaño y color.

Flores de calabacín

VARIEDADES

Las variedades más comunes tienen forma alargada, aunque también las hay esféricas. El color de su piel puede ir desde el verde oscuro, las más corrientes, hasta el amarillo. En cambio, su pulpa es siempre blanca.

De entre las variedades largas y oscuras, destacan el sofía o el samara. El grisón es de color verde claro, igual que el clarita —también llamado «mantequilla», uno de los más apreciados por los cocineros por la densidad de su carne, su ternura y sus pocas semillas.

Entre las variedades de forma esférica, destaca el redondo de Niza, de pequeño tamaño (8-10 cm de diámetro) y de gusto muy suave.

FLORES DE CALABACÍN

Las flores de calabacín, de un color entre amarillo y anaranjado, son muy apreciadas. Al tener un sabor neutro, están riquísimas rellenas de carnes, pescados o mariscos. Luego se pueden rebozar y freír o cocerse al vapor. Las flores que tienen un minicalabacín en el tallo son hembras, mientras que las que solo tienen un tallo largo son machos. Tienen el mismo sabor, pero las hembras se venden un poco más caras. El minicalabacín puede comerse crudo, a la plancha, rebozado, al vapor... En crudo tiene un punto más dulce y crujiente que lo hace interesante tanto para ensaladas como en cazuelitas y arroces.

Trucos Torres

- Se recomienda escoger los calabacines que pesen más en proporción a su volumen porque llevan más agua en el interior.

- Se pueden guardar en la nevera unas 2 semanas dentro de una bolsa perforada. Sin embargo, no es bueno tenerlos al lado de frutas que producen etileno, como plátanos, melocotones o melones, porque amargan su sabor.

- A la hora de cocinarlos, se recomienda evitar pelar los calabacines, ya que en la piel concentran muchos de sus nutrientes.

ESPAGUETIS DE CALABACÍN, TOMATE Y QUESO

Para 4 personas

4 calabacines
80 g de queso parmesano
Aceite de oliva virgen extra

⭐ **PARA LA SALSA DE TOMATE**

8-10 tomates pera
1 zanahoria
½ cebolla
2 dientes de ajo
50 ml de aceite de oliva suave
1 ramita de orégano fresco
1 cucharadita de miel
Sal y pimienta

Para preparar la salsa de tomate, pelar los dientes de ajo y laminarlos. Pelar y cortar en juliana la cebolla, y en *mirepoix* la zanahoria (ver pág. 23). Poner una cazuela al fuego con el aceite de oliva. Cuando esté caliente, agregar los ajos y dorarlos a fuego suave. A continuación, incorporar la zanahoria y la cebolla. Cocer el conjunto a fuego medio hasta que todos los ingredientes queden bien pochados.

Una vez que esté listo el sofrito, agregar los tomates, previamente lavados y cortados en dados grandes. Salpimentar e incorporar la miel y el orégano fresco. Remover y continuar con la cocción hasta que quede bien sofrito. Entonces, introducirlo en el vaso de la batidora y triturar hasta obtener una salsa fina de textura homogénea y untuosa. Rectificar la sal si fuera necesario y pasarla por un chino. Reservar caliente.

Para elaborar los espaguetis, cortar los calabacines con una mandolina en láminas de unos 2 mm de grosor y lo más largas posible. Después, cortar las láminas en finas tiras. Poner una sartén al fuego con un chorrito de aceite de oliva y, cuando esté bien caliente, saltear las tiras de calabacín en dos o tres tandas solo unos segundos. Disponer los espaguetis de calabacín en platos para servir y regar con la salsa de tomate. Por último, espolvorear un poco de parmesano y servir.

Trucos Torres

▪ Es sumamente importante para la calidad de este plato que los espaguetis de calabacín se salteen en tandas, con la sartén muy caliente y durante apenas unos segundos, moviendo la sartén continuamente. De esta forma, quedarán con una textura crujiente.

▪ Aunque en esta ocasión solo se ha terminado el plato espolvoreando un poco de parmesano por encima, se le puede añadir cualquier hierba aromática picada gruesamente como, por ejemplo, salvia, albahaca o perejil.

▪ Cualquier queso graso servirá para dar el toque final a este espectacular plato de pasta vegetal: grana padano, mozzarella, comté... Además, para darle un toque más intenso, el queso se puede gratinar durante unos minutos en el horno. De esta manera, su untuosa textura contrastará a la perfección con la de los espaguetis de calabacín.

Los espaguetis de verduras son una opción muy atractiva para comer de manera saludable.

¡Encontrarás unos espaguetis de calabaza en la página 60!

MILHOJAS DE CALABACÍN CON JAMÓN COCIDO Y QUESO DE CABRA

Para 4 personas

4 calabacines pequeños
4 lonchas de queso de cabra semicurado
4 lonchas de jamón cocido
2 cebollas tiernas
4 tomates de rama maduros
1 ramita de romero
1 ramita de tomillo
Aceite de oliva suave
Sal y pimienta

Para la vinagreta
60 ml de aceite de oliva virgen extra
20 ml de vinagre de Jerez
Sal y pimienta

Limpiar los calabacines bajo el chorro de agua del grifo, secarlos y cortar la parte del pedúnculo. Cortarlos entonces longitudinalmente en lonchas de 0,5 cm de grosor. Reservar. Lavar los tomates y las cebollas tiernas, y cortarlos en rodajas del mismo grosor que el calabacín. Reservar los recortes de las hortalizas para preparar la vinagreta.

Para montar el milhojas, disponer en una fuente de horno ligeramente engrasada una lámina de calabacín y aliñar con un poco de aceite, sal y pimienta. Encima colocar unos aros de cebolla tierna y otra capa de calabacín, y aliñar de nuevo. A continuación, extender una capa de jamón y queso, y una más de calabacín, y volver a aliñar. Colocar entonces las rodajas de tomate cubriendo todo y una última capa de calabacín. Aliñar por última vez y repartir las hierbas aromáticas desmenuzadas por encima. Hornear 15 min a 180 °C.

Para preparar la vinagreta, picar finamente los recortes de hortalizas que se han reservado antes y disponerlos en un cuenco. Agregar el aceite de oliva y el vinagre, y mezclar hasta que todo quede ligado.

Pasado el tiempo de cocción del milhojas, retirar del horno y servir de inmediato, regado con la vinagreta de hortalizas.

Trucos Torres

■ Para lograr unas lonchas de calabacín perfectas, se recomienda emplear una mandolina. Solo así se conseguirán láminas del mismo grosor.

■ Esta vinagreta es una buena manera de aprovechar los recortes de hortalizas que muchas veces tenemos en la nevera. ¡No hay que tirar nada si es utilizable! Asimismo se puede sustituir por otra salsa más elaborada como, por ejemplo, un sofrito (ver pág. 73), una salsa romesco o una bechamel.

El calabacín de la variedad mantequilla es ideal para esta receta, ya que, aunque no se encuentra fácilmente, su carne resulta tierna y de un sabor delicado.

CEBOLLA

Este bulbo desempeña un gran papel en nuestra cocina: la usamos para cocinar desde un sofrito hasta una sopa, y también nos la comemos cruda. Es originaria de diferentes puntos de Asia y se sabe que se cultiva desde hace más de 5.000 años. La cebolla, bastante indigesta en crudo, es poco energética y rica en vitamina C y azufre. La mayoría de las variedades están disponibles todo el año.

Morada

De Figueras

Chalota

Platillo

VARIEDADES

Amarilla o grano

Es la más comercializada en España. Es una variedad de buen tamaño, forma esférica, piel dorada oscura o rojiza en abundantes capas y carne blanca. Tiene sabor y picor pronunciados, que se suavizan durante la cocción.

Blanca

Destaca por su color blanco brillante y su forma redonda. Es apropiada para guisos porque mantiene su consistencia en cocciones largas.

Calçot

Es una variedad de cebolla tierna y dulce, con forma cilíndrica, de entre 15 a 25 cm de largo. Se cultiva con un método tradicional y se recolecta entre febrero y marzo. Los *calçots* se consumen asados a la brasa y acompañados de salsa romesco.

Chalota

De bulbo pequeño y alargado, es muy popular en la cocina francesa por su sabor dulce e intenso.

Morada

De bulbo redondo y grande, esta variedad resulta picante en crudo, sobre todo en invierno, por lo que tradicionalmente se ha utilizado para guisar.

Cebolleta o cebolla de primavera

Se trata de una cebolla tierna que se recolecta de forma temprana, antes de formarse el bulbo. Se puede usar la parte verde cortada en juliana para terminar platos, rizándola en un baño de agua con hielo (ver pág. 204).

Platillo

Es pequeña —unos 4 cm de diámetro—, suave y dulce en la boca. Es difícil de pelar, pero muy atractiva para acompañar muchos platos.

Dulce

Se venden con este nombre distintas variedades que presentan un índice mínimo de picor. Son ideales para ensaladas. La Fuentes de Ebro, de Zaragoza, tiene Denominación de Origen.

Trucos Torres

- Cuanto más afilado esté el cuchillo y más limpio sea el corte, menos nos hará llorar la cebolla. Si, por el contrario, no corta bien, se libera más gas propanotial que, en contacto con los ojos, los irrita.

- Una receta fácil con cebolla: envolverla pelada en un trapo de cocina limpio, darle unos fuertes golpes encima del mármol de la cocina y colocar los trozos en un plato. Aliñar con aceite, sal y pimienta, y dejar reposar unos minutos. Debido a los golpes, la cebolla suelta un jugo lechoso, de modo que queda más sabrosa y se consigue un buen aliño para mojar pan. ¡Pocos se resistirán a la conocida como «cebolla al golpe»!

«Nuestra preferida es la chalota: concentra una gran cantidad de sabor, y un dulzor y acidez especiales. Nos gusta usarla, sobre todo cocinada, en muchos de nuestros platos».

Se ha empleado cebolla seca. Con otras variedades, como la chalota o la dulce, se consigue un sofrito con matices y sabores diferentes.

La miel puede ayudar a corregir la acidez del tomate. Se agrega en menor o mayor cantidad dependiendo de lo ácidos que sean estos.

SOFRITO

Es la base de la cocina mediterránea y española en general.
Cada casa tiene su receta, pero este es el sofrito de casa Torres.

Para 500 g

700 g de cebolla seca
700 g de tomate pera maduro
60 ml de aceite de oliva
Miel al gusto
1 hoja de laurel

Pelar y cortar la cebolla en *brunoise* (ver pág. 23).
Lavar y triturar el tomate. Pasarlo por el colador.

Poner una cazuela al fuego con el aceite de oliva.
Cuando esté caliente, añadir la cebolla.

Dejarla pochar con el fuego muy bajo. Remover de
vez en cuando para que no se pegue.

Una vez pochada la cebolla, añadir el tomate junto
con un poquito de miel y la hoja de laurel.

Cocinar hasta que el tomate pierda toda el agua.

Al ser una salsa de larga cocción, se puede preparar con un día de antelación y guardarla en la nevera. También se puede congelar en pequeñas porciones.

Trucos Torres

- En lugar de triturar y colar el tomate, se puede escaldar primero para pelarlo mejor o hacerlo directamente con un pelador. Después, cortarlo en *brunoise* y proceder siguiendo la receta.

- Hay tantos sofritos como cocineros existen. Ya lo dice el refranero: «Cada maestrillo tiene su librillo».

- Se puede añadir un diente de ajo cortado en *brunoise*.

- Si durante la cocción se empieza a pegar la cebolla, se pueden añadir unas gotas de agua fría. De este modo, se desglasa y se recuperan todos los jugos del fondo de la cazuela. También se puede desglasar con vino blanco, pero hay que ir con cuidado porque puede incrementar la acidez del tomate. Si se queman parte de la cebolla o los jugos, es mejor retirarlos, cambiar de cazuela y proseguir con el sofrito.

- Dependiendo de la duración de la cocción, la cebolla pochada puede presentar desde un color dorado suave a un color marrón oscuro. Cuanto más sofrita, más dulce es, ya que durante la cocción se caramelizan los azúcares que contiene.

- En lugar de laurel, se pueden añadir una hebras de azafrán o una ramita de tomillo o romero.

CEVICHE DE LUBINA, TOMATE Y ALBAHACA

Para 4 **personas**

1 kg de lubina

5 tomates de rama maduros

140 g de cebolla morada

El zumo de 6 limas

1 guindilla roja fresca

3-4 hojas de albahaca

Aceite de oliva virgen extra

Sal y pimienta

Limpiar la lubina, retirar las espinas con la ayuda de unas pinzas y cortar los filetes (apartar la parte de la ventresca y de la cola) en dados regulares. Reservar.

Lavar los tomates y cortarlos en cuartos. Introducirlos en el vaso de la batidora y agregar el zumo de lima, la guindilla, los retales de la cola y la ventresca de la lubina, sal y pimienta. Triturar y dejar que repose durante unos 10 min. Cuando la salsa haya macerado, pasarla por un colador fino. Reservar.

Mientras tanto, pelar la cebolla y cortarla en juliana. Disponerla en un cuenco y añadir los dados de pescado reservados. Regar todo con la salsa de lima y tomate, y remover bien para que el pescado se impregne por completo. Dejar en reposo durante unos 10 min a temperatura ambiente, hasta que adquiera un color blanquecino por la acción del ácido de la lima y del tomate.

Para servir el ceviche, picar gruesamente unas hojas de albahaca y esparcirlas por encima; rematar con un buen chorro de aceite de oliva.

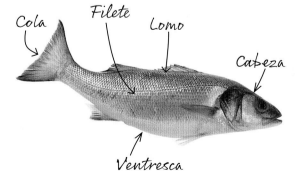

Cola · Filete · Lomo · Cabeza · Ventresca

Trucos Torres

- Aunque lo más práctico es pedirle a nuestro pescadero de confianza que nos prepare el pescado, he aquí la manera de hacerlo: primero se deberá escamar (raspando la piel con un cuchillo) y cortarle las aletas con una tijera de cocina. Seguidamente, practicarle un corte longitudinal en el abdomen, retirarle las vísceras y cortarle la cabeza. Lavar bien todo el pescado bajo el chorro de agua del grifo y secarlo con papel de cocina. Por último, cortar los filetes y retirarles la piel.

- El ceviche se suele preparar con pescados blancos y grasos como, por ejemplo, dorada, serviola, mero o lubina (la usada en la receta). No obstante, en las zonas originarias de este plato, también se elabora con camarones o gambas (ceviche de marisco) e, incluso, mezclando pescado y marisco (ceviche mixto).

- El cilantro, supuestamente originario del sur de Europa y norte de África, suele ser la hierba aromática escogida en casi todas las zonas en las que se prepara el ceviche (Perú principalmente, pero también otros países del centro y el sur de América). Otras hierbas pueden resultar igualmente deliciosas, como la albahaca de la receta e, incluso, el eneldo, el tomillo limón o el hinojo. La clave está en experimentar y encontrar aquellas combinaciones que más nos agraden.

Cilantro

Los ceviches ecuatorianos se caracterizan por llevar tomate.

El pescado se ha blanqueado por efecto del ácido del limón.

La cebolla morada, además de color, aporta un sabor potente al plato.

JUDÍA VERDE

Las judías verdes son los frutos inmaduros de la planta leguminosa *Phaseolus vulgaris*. Aunque en Europa existían formas primitivas de judía verde de origen africano o asiático, su cultivo no se extendió hasta la introducción de variedades más productivas provenientes del Nuevo Mundo. En el campo, el verano es su mejor temporada, aunque se puede encontrar todo el año procedente de invernaderos.

«Si la judía verde no es muy tierna o estamos a final de temporada, se aconseja quitar los filamentos de ambos lados de la vaina, porque son molestos al comerlos».

El tirabeque, parecido a la judía verde, es una variedad de guisante cuyas vainas también se consumen.

VARIEDADES

De Kenia

Es la judía que tiene forma redonda. Se puede cocinar hervida o al vapor, y queda deliciosa salteada con jamón. La fina de Marruecos no está tan bien considerada en gastronomía.

Perona

Variedad de judía fresca cuya vaina es plana y alargada. Es ideal tanto para cocinar hervida como para salteados y cremas.

Judía de Kenia, de vainas tubulares

Judía perona, de vainas aplanadas

Trucos Torres

- A la judía no le sienta muy bien el frío de la nevera. Puede dejarse dentro de una bolsa de plástico agujereada en un sitio fresco y seco, y consumirla antes de 3 días. En la nevera puede aguantar unos 5 días.

- Puede congelarse si se escalda previamente durante 30 s y se enfría rápidamente en un recipiente con agua y hielo. Hay que dejarlas escurrir y guardar en el congelador en una bolsa de plástico con cierre hermético.

- Es mejor elegir las judías de tamaño más pequeño porque son más tiernas.

- Cocidas con sal mantienen mejor sus propiedades y su color.

- Unas judías hervidas, junto con patatas y zanahorias y simplemente aliñadas con un poco de aceite de oliva virgen extra, son todo un placer.

- Especialmente las judías de Kenia, después de cocerlas y una vez enfriadas, se pueden servir como ensalada fría.

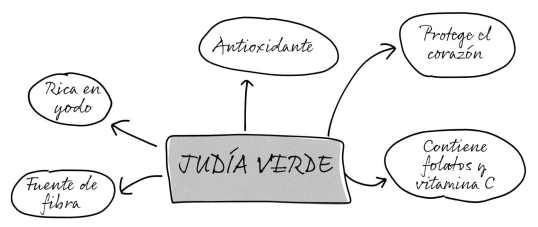

Antioxidante

Protege el corazón

Rica en yodo

JUDÍA VERDE

Contiene folatos y vitamina C

Fuente de fibra

JUDÍAS VERDES A LA BOLOÑESA

Para 4 personas

800 g de judías verdes de Kenia
100 g de queso para gratinar

⭐ PARA LA BOLOÑESA TORRES

600 g de tomate pera
100 g de chalota
100 g de champiñones
85 g de salchichas
80 ml de aceite de oliva suave
70 g de jamón de york
50 g de carne picada de cerdo
50 g de carne picada de ternera
40 g de salchichón
40 g de chorizo
2 dientes de ajo
1 cucharadita de miel
Sal y pimienta

Pelar la chalota y los dientes de ajo, y picarlos por separado. Lavar los tomates, cortarlos en cuartos y triturarlos con la batidora. Pasar el tomate triturado por un chino y reservar.

Poner una cazuela al fuego con la mitad del aceite, agregar la chalota y pocharla durante unos minutos. Cuando quede transparente, agregar el ajo y dorarlo. Entonces, verter el tomate triturado y proseguir con la cocción hasta que el agua del tomate se haya evaporado. Salpimentar y agregar la miel.

Mientras tanto, limpiar los champiñones y filetearlos. Picar el salchichón, el chorizo, el jamón de york y las salchichas. Poner una sartén al fuego con el resto del aceite y dorar la carne picada, la de ternera y la de cerdo. Agregar los embutidos y las salchichas, y saltear el conjunto. En este momento, incorporar los champiñones y el sofrito de tomate, mezclar y retirar la sartén del fuego. Reservar.

Lavar las judías y cortarles los dos extremos para simular la forma de un macarrón. Poner una olla con agua con un poco de sal y llevar a ebullición. Agregar las judías y cocerlas durante 5-8 min. Colar, añadirlas al sofrito y mezclar. Pasar la preparación a una fuente refractaria, espolvorear con el queso rallado e introducirla en el horno para gratinar.

Trucos Torres

▢ La boloñesa que se propone en esta receta es marca de la casa Torres. Es la misma que nos preparaba nuestra abuela Catalina en nuestra infancia. Así que se trata de una preparación con solera, personalidad y mucho amor. Vale la pena hacerle honor.

▢ Esta misma receta se puede elaborar con judías perona, aunque se deberán adaptar los tiempos de cocción (con un par de minutos extra bastará). Además, habrá que retirar las partes fibrosas de ambos lados de la vaina para lograr una textura perfecta.

▢ En consonancia con la receta original italiana, en vez de judías se puede emplear para este plato cualquier tipo de pasta, ya sea fresca o seca.

Es una interesante manera de comer verdura, ya sea para niños como para los que ya no lo son tanto.

NIDO DE JUDÍAS VERDES, REBOZUELOS, JAMÓN IBÉRICO Y HUEVO POCHÉ

Para 4 **personas**

500 g de judías verdes
perona
120 g de jamón ibérico
(en 1 trozo)
120 g de rebozuelos
50 g de chalota
20 ml de aceite de oliva
virgen extra
Pimienta
Flor de sal

Para los huevos poché
4 huevos
Vinagre de vino blanco
Sal

Lavar las judías, secarlas y limpiarlas: retirar las puntas y los filamentos de los lados si fueran muy gruesos. Cortar las puntas y después a lo largo en 2 o 3 bastones cada una. Poner una olla con agua al fuego y llevar a ebullición. Escaldar los bastones de judías durante 2 min. Escurrirlas y sumergirlas en un baño de agua con hielo para interrumpir la cocción.

Cortar bastoncillos de jamón. Limpiar las setas y eliminar la base del pie. Pelar y picar la chalota. Poner una sartén a fuego vivo con un chorro de aceite de oliva, y saltear el jamón junto con las setas. Seguidamente, añadir las chalotas y proseguir con la cocción durante unos 5 min o hasta que estén bien pochadas. Por último, añadir los bastones de judías y saltear unos instantes más. Reservar.

Para hacer los huevos poché ver pág. 224.

En un plato hondo, colocar el salteado en forma de nido. Colocar en el centro el huevo poché y terminar el plato con un chorrito de aceite de oliva, unos copos de sal y un poco de pimienta encima del huevo.

Trucos Torres

- Para esta ensalada se ha empleado judía de la variedad perona, pero cualquier otra sirve. Por ejemplo, las de Kenia aportan un toque extra crujiente. En este caso, es mejor no cortarlas, pues ya tienen el grosor ideal. También se pueden emplear tirabeques, una alternativa muy original, tanto por su aspecto como por su delicado sabor. En cuanto a las setas, en la receta se han usado rebozuelos, pero lo cierto es que el champiñón de París, la seta de cardo o el shiitake son también una buena elección.

- En esta receta las judías se escaldan para lograr el «dente vegetal», nombre con el que se denomina a ese punto crujiente. De esta manera conservan una textura ideal para preparar ensaladas, además de no perder las vitaminas y antioxidantes que contienen. Si después del escaldado se enfrían en un baño de agua con hielo, el verde de la clorofila resaltará aún más. La técnica del escaldado también se emplea con las hierbas aromáticas, para elaborar aceites aromatizados que perfumarán cremas o salsas.

ZANAHORIA

Es una de las hortalizas más cultivadas en todo el mundo desde hace más de dos mil años, aunque hasta el siglo XVII en forma y color no se parecían mucho a las zanahorias actuales. Los griegos supieron apreciar sus propiedades medicinales y los árabes la introdujeron en la península Ibérica.

VARIEDADES

Por lo general, es naranja, aunque existen variedades de zanahoria de color blanco, rojo, amarillo, morado y negro. Según la variedad, también presentan mayor o menor longitud.

«Las zanahorias tanto se pueden usar en platos dulces, por su sabor dulzón, como en salados».

- Hay que seleccionar las zanahorias de piel suave pero que no estén blandas. Las hojas deben tener un color verde vivo.

- Las hojas son comestibles y pueden añadirse en ensaladas u otras preparaciones, como tempuras o licuados.

- Conviene guardarlas en un lugar fresco y aireado una vez limpiadas con un trapo húmedo. ¡No es necesario lavarlas!

- En la nevera se pueden conservar entre 2 y 3 semanas. Si se quieren congelar, se deben escaldar antes unos minutos.

- Es mejor raspar las zanahorias justo antes de cocinarlas o comerlas, para que no se oxiden. No se recomienda pelarlas, ya que se perderían las vitaminas concentradas mayormente en su piel.

UN CÓCTEL PARA LA SALUD

El betacaroteno, transformado en vitamina A en nuestro organismo, es el responsable del color naranja de la zanahoria. Es un potente antioxidante y actúa contra el estrés y mejora el ánimo. Además, por la cantidad de otras vitaminas y minerales que contiene (entre los que destaca el potasio), la zanahoria es un delicioso cóctel para la salud.

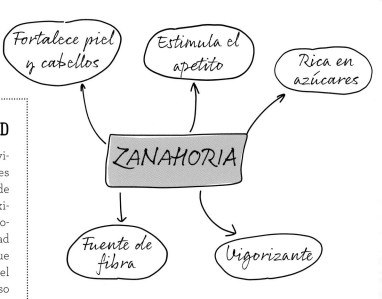

BIZCOCHO DE ZANAHORIA Y NUECES

Para **4** **personas**

200 g de harina de trigo

200 g de zanahoria rallada

200 g de azúcar moreno

150 ml de aceite de girasol

80 g de nueces

3 huevos

20 g de harina de almendra

1 sobre de levadura

Canela

Nuez moscada

Precalentar el horno a 180 °C.

Disponer en un cuenco los huevos junto con el azúcar, la harina de trigo y la de almendra, la levadura y el aceite. Batir con la batidora de varillas hasta lograr una preparación de textura homogénea y sin grumos. En este momento, añadir la zanahoria rallada, la canela y la nuez moscada al gusto, y las nueces un poco desmenuzadas. Mezclar bien hasta que todo quede integrado.

Forrar un molde con papel de horno y verter la masa. Introducir el molde en el horno y cocer el pastel durante unos 20 min. Para saber si el pastel está cocido, pincharlo con un cuchillo: si este sale limpio, se podrá retirar del horno. Enfriar a temperatura ambiente antes de consumir.

Trucos Torres

▪ En esta receta, se ha usado papel de horno para evitar que la masa del pastel se pegue al molde. Se obtiene el mismo resultado encamisando el molde: untarlo primero con mantequilla y espolvorearlo después con harina.

▪ Además de las nueces, cualquier otro fruto seco (almendras, avellanas) puede quedar perfecto para este pastel e, incluso, una mezcla de ellos. Se pueden dejar enteros o picarlos, como se ha hecho en la receta. No obstante, si se opta por la primera opción, quedarán en la base del pastel.

▪ El tiempo de cocción depende de la forma y el grosor del molde: cuanto más grueso, más minutos de horneado se precisarán.

 Una opción para celíacos: sustituir la harina de trigo por una mezcla de harina de arroz (65 %) y almidón de maíz (35 %).

Con la misma masa se pueden preparar unas deliciosas magdalenas.

BATIDO DE ZANAHORIA PARA DESPUÉS DE HACER DEPORTE

Para 850 ml de batido

500 ml de zumo de
zanahoria

250 ml de zumo de
naranja natural

100 ml de leche de coco

4 hojas de albahaca

1 cucharada de miel

Ralladura de lima

Jengibre

Verter en un robot de cocina o en un vaso americano el zumo de zanahoria y el de naranja, la leche de coco, la miel, la albahaca y el jengibre rallado al gusto. Triturar hasta lograr un batido de textura fina y homogénea. Si se desea, se puede colar.

Por último, añadir ralladura de lima al gusto y servir.

Trucos Torres

- Los batidos de verduras y frutas son una saludable y atractiva opción. A nuestra propuesta se le pueden incorporar múltiples variantes: la miel se puede sustituir por azúcar moreno o sirope de agave, y también se pueden añadir otros ingredientes, como manzana, fresa o melón, todo ello aderezado con orégano, eneldo, nuez moscada...

- Quizá lo más práctico es adquirir en una tienda de alimentación un zumo de zanahoria de calidad, a no ser que se disponga de licuadora en casa. De todos modos, en este caso, se pierden más nutrientes durante el procesado. También se puede preparar con una batidora: para ello, pelar 2-3 zanahorias, cortarlas en trozos y añadirlas al vaso junto con los demás ingredientes. Batir y pasar por un chino. ¡Listo!

Este batido es rico en antioxidantes y además contiene los azúcares necesarios que el cuerpo precisa después de una sesión de deporte intensa.

CREMA DE ZANAHORIA Y YOGUR

Para 4 personas

1 l de caldo de cocido (ver pág. 27)
6 zanahorias
1 puerro
1 yogur griego
50 ml de nata líquida
La ralladura de ½ naranja
Aceite de oliva
Sal y pimienta

Lavar, pelar y cortar en rodajas finas las zanahorias. Limpiar (ver Trucos Torres) y picar el puerro.

Poner una cazuela al fuego con un poco de aceite de oliva y rehogar el puerro a fuego suave, sin que llegue a tomar color, lo que en cocina se denomina «en blanco». Incorporar la zanahoria y rehogar el conjunto unos minutos más. En este momento, verter el caldo y proseguir con la cocción durante unos 30 min o hasta que la zanahoria esté tierna.

Pasado el tiempo, quitar parte del caldo y triturar con la batidora hasta lograr una crema fina y ligera. Es mejor añadir más líquido después, si queda demasiado espesa. Pasarla por el chino y agregar el yogur y la nata líquida. Triturar con la batidora limpia y salpimentar, además de verter un chorro de aceite de oliva. Mezclar bien. Servir la crema decorada con un cordón de aceite de oliva y un poco de ralladura de naranja.

Trucos Torres

- La mejor manera de pelar las zanahorias es raspándolas con un cuchillo, ya que los carotenos —un compuesto que se transforma en vitamina A— se concentran en la piel. De este modo, al no retirarse tanta cantidad de peladura, no se pierden tantos nutrientes.

- Para limpiar el puerro, quitar primero la parte más verde y la de las raíces. Después extraer la primera capa de piel y, a continuación, realizar un corte poco profundo a lo largo, para después hacer tres más transversales. Luego, lavar bajo el chorro de agua del grifo para eliminar la tierra que pueda tener. Después, ya se puede cortar como se desee. La parte verde que se extrae del puerro se puede guardar para elaborar caldos.

- Se puede utilizar yogur desnatado, aunque entonces el plato tendrá un punto ácido y no será tan cremoso. El yogur también se puede sustituir por queso para untar o crema agria.

Yogur griego

Zanahorias

PATATA

Este tubérculo proviene del altiplano andino, donde era un alimento básico y se utilizaba en forma de harina o desecado. Fue introducido en el continente europeo a mediados del siglo XVI, aunque tuvieron que pasar varias generaciones hasta que se convirtiera en un alimento fundamental del pueblo europeo. Se cuenta que el agrónomo francés del siglo XVIII Antoine Parmentier la sembró en los jardines del Palacio Real de París, desde donde los embajadores la difundieron por toda Europa.

«Siempre hay que tener patatas en casa. Sus posibilidades en la cocina son infinitas».

VARIEDADES

Red Pontiac

De piel roja y carne totalmente blanca. Se recomienda para cocer y hacer al vapor, y para acompañar verduras y legumbres.

Monalisa

De piel lisa y amarilla, igual que su carne. Es más indicada para hervir por su alto contenido en almidón y agua.

Kennebec

Más suculenta y cara que la monalisa. Es muy versátil en cocina.

Agria

Muy recomendada para freír porque contiene poca agua. Queda muy crujiente por fuera y blanda por dentro.

Bufet

Típica de las comarcas catalanas de Osona, Garrotxa, Ripollés y Cerdaña. Es una variedad blanca que tiene una carne cremosa y sabrosa. Indicada para preparar purés, ya que contiene mucho almidón.

PATATAS CON INDICACIÓN GEOGRÁFICA PROTEGIDA

En la zona de **Prades**, cerca de Tarragona, hay una larga tradición de cultivo de este tubérculo. La ubicación tiene unas condiciones climáticas especiales que favorecen la producción de este tipo de patata de la variedad kennebec. Su carne es blanca, de sabor dulce, consistente y harinosa. Es muy adecuada para guisos, ya que soporta bien las cocciones largas. También tienen el sello de Indicación Geográfica Protegida las patatas de **Galicia**.

Trucos Torres

- Las patatas deben conservarse en un espacio seco, fresco y oscuro. Además, es importante que no se toquen porque tienden a germinar.

- No almacenarlas junto con cebollas. Con los cambios de temperatura, los compuestos de azufre de estas últimas se desprenden y aceleran el proceso de descomposición de las patatas.

- Las variedades tempranas contienen más agua que las viejas y por eso se conservan mejor.

- Si se quiere conseguir cremosidad y untuosidad, para preparar un puré, por ejemplo, una patata nueva y con alto contenido en agua resulta ideal. Para freír, pochar o dorar, es mejor una con bajo contenido en agua, de lo contrario, nunca quedará dorada ni crujiente y absorberá demasiado aceite.

Curiosidades

Existen más de 4.000 variedades de patata en el mundo, que pueden presentar una carne amarilla, blanca, roja o, incluso, lila. Pertenece a la familia de las solanáceas (como la berenjena, el tomate o el pimiento) y es rica en hidratos de carbono, por lo que es una gran fuente de energía. En cambio, es baja en sodio, de forma que se recomienda incluirla en dietas para hipertensos. Dependiendo de la variedad, está indicado un tipo u otro de cocción. Su textura facilita que se absorban los sabores y aromas de todos los productos que se cocinan con ella.

PATATAS BRAVAS

Para (4) personas

400 g de patatas agrias
30 g de mantequilla
1 ramita de romero
1 ramita de tomillo
Sal y pimienta

⭐ **PARA LA SALSA BRAVA**

4 chalotas
1 tomate de rama
1 huevo

6 dientes de ajo
20 ml de aceite de oliva
1 guindilla seca
1 cucharadita de
    pimentón picante
Sal y pimienta

**Para el alioli
de ajos confitados**
(ver pág. 53)

Lavar las patatas y disponerlas en una olla. Cubrirlas con agua y añadir sal. Llevarlas a ebullición y cocerlas durante unos 30 min o hasta que estén bien blandas. Pasado el tiempo, escurrir y dejar que se enfríen. Cuando se puedan manipular sin quemarse, pelarlas. Reservar.

Mientras tanto, para preparar la salsa brava, pelar los dientes de ajo y las chalotas. Cortar todo en juliana fina. Lavar y cortar en dados regulares el tomate. En una sartén con el aceite de oliva, pochar estos dos ingredientes a fuego suave hasta que tomen color. En este momento, agregar el tomate y la guindilla, y continuar con la cocción hasta que toda el agua se haya evaporado. Retirar la sartén del fuego y agregar el pimentón, remover y enfriar a temperatura ambiente. Retirar la guindilla del sofrito y agregar el huevo. Triturar con la batidora hasta lograr un puré homogéneo y montarlo como si fuese una mahonesa. Salpimentar y pasarlo por un chino. Disponer la salsa en una manga y reservar.

Para elaborar el alioli de ajos confitados, ver pág. 53.

Pasar las patatas ya peladas por el pasapurés hasta lograr un puré fino y espeso. Poner un cazo al fuego y fundir la mantequilla a fuego muy suave, para evitar que hierva. Agregar la rama de tomillo y la de romero e infusionar durante unos minutos. Pasado el tiempo, retirar las ramitas.

Incorporar la mantequilla infusionada al puré de patatas y trabajarla hasta que quede una mezcla homogénea. Salpimentar y extender el puré en una bandeja en una capa de unos 2 cm de grosor o al gusto. Tapar con papel film y reservar en la nevera durante 1 h.

Pasado el tiempo, retirar el puré de la nevera y cortarlo en bastones a modo de patatas fritas, con la ayuda de un cuchillo mojado en agua caliente. Poner una sartén al fuego con un poco de mantequilla y dorar los bastones por los 4 lados, cuidando al darles la vuelta para que no se desmonten. Emplatar los bastones de patata y acompañarlos con las dos salsas: la brava con un poco de pimentón espolvoreado por encima y el alioli con un poco de cebollino.

Trucos Torres

▪ Para preparar estas patatas bravas, es sumamente importante emplear la variedad de patata agria. Es ideal para freír, y, a pesar de que en esta receta primero se cuece, el toque final es en fritura, por lo que es la más indicada (al igual que para elaborar buñuelos de bacalao). Con otro tipo de patata, por ejemplo, la monalisa, no se lograría ese punto crujiente y dorado que la preparación necesita.

▪ Esta técnica para preparar patatas fritas admite un sinfín de posibilidades. Al «crear» las patatas, podemos aromatizarlas con todo tipo de especias y hierbas. En este caso, la mantequilla se ha infusionado con romero y tomillo, pero podría haberse aromatizado con pimentón, pimienta u orégano.

PATATA MORTERO

Para 4 personas

800 g de patatas monalisa
160 g de beicon
60 ml de aceite de oliva virgen extra
Cebollino
Sal y pimienta

Lavar las patatas y disponerlas en una olla sin pelarlas. Cubrirlas con agua y añadir sal. Cocer las patatas durante 30 min aproximadamente, dependiendo de la variedad. Pasado el tiempo, escurrir y dejar que se enfríen. Cuando se puedan manipular sin quemarse, pelarlas. Reservar.

Mientras las patatas se cuecen, cortar el beicon en dados pequeños y regulares. Poner una sartén al fuego, y saltearlo hasta que tome color y se tueste ligeramente. Retirar la sartén del fuego.

En un mortero, disponer las patatas y con la mano de mortero aplastarlas. También se pueden aplastar con un tenedor. Agregar el beicon frito, el aceite de oliva y salpimentar. Mezclar y servir con un poco de cebollino picado.

Trucos Torres

- Para saber si las patatas están cocidas, hay que pincharlas con un cuchillo hasta atravesarlas y seguidamente retirarlas del agua. Si la patata se queda sujeta al cuchillo y no resbala, todavía necesita más tiempo de cocción. De lo contrario, es decir, si cae, estará en su punto.

- Cocer las patatas con su piel es un sistema perfecto para que no absorban agua y conserven el almidón que contienen. Con ello se consigue una preparación más cremosa.

- El beicon, se puede sustituir perfectamente por chorizo, jamón serrano o chistorra (ver pág. 34).

 En sustitución del beicon, esta receta se puede preparar con daditos de champiñón, con los que se conseguirá una receta vegana.

El secreto del éxito de esta receta es emplear una patata y un aceite de oliva virgen extra de calidad.

GRATÉN DE PATATA, PANCETA IBÉRICA Y QUESO COMTÉ

Para 4 personas

1 kg de patata monalisa
250 ml de nata líquida
150 g de panceta ibérica curada (en 1 trozo)
85 g de queso comté rallado
40 g de mantequilla
Sal y pimienta

Introducir el trozo de panceta en el congelador entre 6 y 8 h.

Precalentar el horno a 200 °C. Pelar, lavar las patatas, y cortarlas en láminas de unos 2 mm de grosor con la mandolina. Untar una bandeja refractaria con la mantequilla.

Cubrir completamente la base de la bandeja con una capa de láminas de patata, solapando estas de manera que todo quede bien cubierto, salpimentar y verter un chorro de nata líquida. Realizar este paso 2 veces más. A continuación, retirar la panceta del congelador y cortar en lonchas muy finas. Cubrir las patatas con una capa de lonchas de panceta y otra de queso comté rallado. Repetir el primer paso de la capa de patatas 3 veces más y, a continuación, disponer otra capa de panceta y otra de queso. Repetir este proceso de nuevo. Según se van superponiendo capas, se van apretando con las manos para que todo el conjunto quede compacto. Por último, cubrir todo con una capa de patatas. El grosor del gratén debe ser de unos 4-5 cm.

Taparlo con papel de aluminio e introducirlo en el horno durante unos 30-35 min. Pasado el tiempo, retirar la bandeja del horno y dejar enfriar por completo. Después, introducirlo en la nevera durante unas 4 h para que se asiente.

Una vez transcurrido el tiempo y el gratén esté bien duro y frío, calentar ligeramente la base de la bandeja (ver Trucos Torres) y desmoldar. Para servir el gratén, cortarlo en lonchas finas y dorar en el gratinador, o bien marcarlo en una plancha para lograr un acabado crujiente por fuera y cremoso en su interior.

Trucos Torres

- Para desmoldar el gratén, puede calentarse la base de la bandeja directamente en el fuego de la cocina, en un baño maría e, incluso, dándole un golpe de horno (precalentado a 200 °C y durante 1 min).

- En lugar de untar la bandeja con mantequilla, se puede usar papel de horno. Para ello, cortar un trozo que cubra tanto la base como las paredes de la bandeja y adaptarlo perfectamente a la forma de esta. A continuación, proceder tal como se indica en la receta. Además, el papel ayudará después a desmoldar el gratén.

- El gratén es una elaboración clásica de origen francés, aunque muy extendida por toda la gastronomía occidental. Se trata de una receta muy básica que admite infinidad de variaciones. Por ejemplo, se pueden alternar capas de patata y de zanahoria (o calabaza), con lo que se obtendrá un gratén muy colorido. Es posible sustituir la panceta por jamón ibérico o, incluso, cecina. Agregar hierbas aromáticas también es una buena opción. El comté se puede cambiar por casi cualquier otro tipo de queso, aunque el parmesano es el más apropiado.

COLIFLOR

A esta inflorescencia de la familia de las crucíferas se le atribuyen grandes propiedades antioxidantes y diuréticas. Es originaria del Próximo Oriente y ya era conocida por los romanos, aunque su cultivo no se extendió hasta el siglo XVII. Es rica en vitaminas y en minerales, como el azufre, el potasio y el hierro. De la familia de las coles, que tienen fama de indigestas, la coliflor blanca es la más fácil de asimilar. Se puede comer cruda, pero es más habitual cocinada de diversas formas: hervida, al horno, guisada o salteada.

«Nos gusta la coliflor cruda y triturada a modo de cuscús para preparar ensaladas».

VARIEDADES

Blanca

Los agricultores hacen que sus hojas tapen la inflorescencia: si el sol no puede penetrar, no se desarrolla la clorofila, de ahí su blanco característico.

Verde

Al estar expuesta al sol, produce la clorofila que le da su color verde. Una de las subvariedades más conocidas es la romanesco, que tiene pedúnculos en forma fractal.

Morada

Tiene un pigmento llamado antocianina que es el responsable de su color violeta y de su gran acción antioxidante. Sin embargo, al hervirla, va perdiendo esta tonalidad y se vuelve amarilla.

Amarilla

Contiene más betacaroteno que las anteriores, un pigmento que le da un color entre amarillo y naranja.

La coliflor, junto con el resto de la familia de las coles, suele provocar gases o flatulencias en algunas personas. Para evitar este efecto, se puede escaldar unos minutos antes de cocinarla. Si se va a saltear, se aconseja mezclarla con jengibre o con carminativas, como el hinojo o el comino. Asimismo no se recomienda cocinarla con otras crucíferas, porque aumentaría su acción flatulenta. Después de su consumo, también se puede tomar una infusión de anís o manzanilla para favorecer la digestión.

Trucos Torres

- Si la coliflor presenta muchas manchas marrones o está blanda, significa que fue recolectada hace tiempo o, incluso, que tiene hongos. Habrá que elegir otra.

- Debe conservarse en el frigorífico en una bolsa perforada. Es mejor lavarla justo antes de cocinarla para evitar que le afecte la humedad.

- Se aconseja usarla en crudo o en cremas y purés para aprovechar al máximo todos sus nutrientes.

- No hay que cocerla en exceso porque, además de perder propiedades, libera las enzimas que provocan su olor característico.

CUSCÚS DE COLIFLOR CON MANZANA ÁCIDA Y MENTA

Para 4 personas

1 coliflor

2 manzanas Granny Smith

½ manojo de cebollino

1 cucharada de salsa de soja

1 cucharadita de curri

1 ramita de menta

El zumo y la ralladura de ½ lima

Aceite de oliva virgen extra

Sal y pimienta

Limpiar la coliflor bajo el chorro de agua del grifo, secarla y cortarla en ramitos, desechando las hojas y los tallos más gruesos. Introducir la coliflor en el vaso de la batidora y triturarla hasta lograr una textura arenosa (como si fuese cuscús). Reservar.

Lavar, pelar y descorazonar las manzanas. Cortarlas en dados pequeños. Lavar la menta y el cebollino, y picarlos. Disponer la sémola de coliflor en un cuenco y agregar las hierbas aromáticas y la manzana. Salpimentar y verter el zumo de lima; mezclar hasta que todo quede integrado.

Repartir la preparación en platos, rociar con un chorro de aceite de oliva, unas gotas de salsa de soja y aromatizar con una pizca de curri. Por último, esparcir la ralladura de lima.

Trucos Torres

▪ Para conseguir el cuscús de coliflor, si no se dispone de batidora, bastará con emplear un pelador común e ir «pelando» los ramitos de coliflor para que se desprendan los granos. Aunque no se aprovechará tanta hortaliza como con la técnica del triturado, es una buena manera de salir del paso y lograr un plato perfecto. Con el resto de la coliflor, de la que sobrará bastante, se puede preparar una deliciosa crema, o simplemente hervirla, escurrirla y aliñarla como más guste.

▪ La coliflor es una hortaliza con un sabor bastante neutro, por lo que se puede acompañar de diferentes ingredientes que le aporten personalidad. En este caso, la manzana, la menta y el cebollino se han encargado de ello, pero vale la pena probar con otros productos como, por ejemplo, unos dados de salmón ahumado o unas lascas de bacalao.

▪ Esta misma ensalada se puede preparar con una combinación de diversos tipos de hortalizas de la misma familia, como brócoli o coliflor morada y amarilla. Este plato cargado de colorido se puede servir en ensalada tal como se explica en la receta y añadirle una mezcla de frutos secos o unas pasas de Corinto.

Pasas de Corinto

COLIFLOR ENCURTIDA

Para 4 personas

1 coliflor

Para el encurtido
1 l de agua mineral
250 ml de vinagre de vino blanco
2 cucharaditas de sal
1 cucharadita de azúcar

Limpiar la coliflor bajo el chorro de agua del grifo, secarla y cortarla en ramitos, desechando las hojas y los tallos más gruesos.

En un cuenco, preparar la mezcla del encurtido mezclando el agua y el vinagre, y añadiendo después la sal y el azúcar. Remover bien hasta que estos últimos ingredientes se hayan disuelto por completo, y agregar los ramitos de coliflor.

Macerar la preparación durante, por lo menos, 5 días antes de consumirla. Se pueden almacenar en tarros de cristal.

Trucos Torres

■ El encurtido —junto con la salazón o el fermentado— es una de las técnicas más antiguas empleadas por el ser humano para conservar los alimentos durante largo tiempo. En este caso, la acidez del vinagre desempeña un papel crucial, pues es la encargada de «cocer» los alimentos que se someten a su acción. Además, aporta un sabor y aromas inconfundibles, que hacen de los encurtidos un producto apreciado en casi todas las culturas gastronómicas del mundo.

■ Es importante cortar siempre las verduras y hortalizas en trozos pequeños para facilitar la acción del ácido del vinagre.

■ Casi cualquier verdura u hortaliza puede encurtirse. Vale la pena probar con otras, como zanahorias, brócoli, pepinos o cebollitas, para ampliar la experiencia culinaria y hallar los puntos exactos de acidez y salazón. De todos modos, hay que tener en cuenta que cada verdura necesita un tiempo de maceración distinto.

Brócoli encurtido siguiendo el mismo procedimiento.

CREMA FRÍA DE COLIFLOR Y BACALAO

Para 4 personas

500 g de coliflor
250 g de bacalao
desmigado y desalado

Para la guarnición
200 g de lomo de
bacalao desalado
La ralladura y el zumo
de ½ lima
Cebollino

Aceite de oliva
virgen extra
Sal y pimienta

Para la mahonesa
300 ml de aceite de
oliva suave
1 huevo
Sal y pimienta

Limpiar la coliflor bajo el chorro de agua del grifo, secarla y cortarla en ramitos, desechando las hojas y los tallos más gruesos. Ponerla en una olla y verter agua hasta cubrirla, y agregar sal. Llevar la olla al fuego y cocer la coliflor durante unos 30 min o hasta que resulte tierna.

A continuación, agregar el bacalao desmigado. Apagar el fuego y tapar la olla. El bacalao se cocerá con el calor residual durante 15 min. Cuando esté listo, colar la preparación (reservar el agua de la cocción) y pasarla al vaso de la batidora. Triturar el conjunto añadiendo agua de la cocción hasta lograr una crema de textura ligera y homogénea. Salpimentar, mezclar y pasar por un colador fino, con el fin de eliminar los grumos que pudieran quedar. Reservar a temperatura ambiente.

Para preparar la mahonesa, disponer el huevo en el vaso de la batidora y agregar un poco de sal y un chorro de aceite. Batir e ir añadiendo más aceite en hilo hasta lograr una mahonesa espesa y consistente. Entonces, incorporar poco a poco, y sin dejar de batir, la crema de coliflor y bacalao para conseguir una preparación de textura untuosa. Reservar en la nevera durante 1 h como mínimo.

Mientras tanto, preparar la guarnición. Para ello, cortar dados de 1 x 1 cm del lomo de bacalao y disponerlos en un cuenco. Agregar el zumo de lima y la ralladura, y salpimentar; mezclar. Rociar con un buen chorro de aceite de oliva y remover bien de nuevo.

Para emplatar: disponer en la base del plato la crema de bacalao, colocar unos cuantos daditos de bacalao, regar con un cordón de aceite de oliva y rematar con un poco de cebollino. Se sirve fría.

Trucos Torres

- El bacalao desmigado se ha usado tradicionalmente en toda la costa mediterránea. Se trata de bacalao que se ha desmenuzado y salado como el común, aunque suele ser más económico. En tierras catalanas es el elemento protagonista de una espléndida y nutritiva ensalada llamada *empedrat* que, además de bacalao, incorpora alubias y un picadillo de pimiento y cebolla. En Málaga se emplea también junto con naranja en la ensaladilla malagueña.

- Aunque en esta ocasión se ha empleado la crema de bacalao y coliflor como base de un plato, se puede consumir sola o acompañando otros productos. Los aromas de la coliflor, por ejemplo, casan a la perfección con el punto de sal que aporta cualquier fruto del mar (gambas, bogavante, etc.).

- Para lograr que la coliflor no amargue, es imprescindible ajustar al máximo el tiempo de cocción. Al igual que otras verduras de la familia (nabos, brócolis o coles de Bruselas), la coliflor contiene una sustancia que provoca que se desprenda un sabor amargo si se cuece en exceso.

- La coliflor y el bacalao se pueden cocinar conjuntamente en agua y leche entera a partes iguales. La crema queda más cremosa y de un color aún más blanco, aunque no es una opción válida para los alérgicos a los lácteos.

FRUTOS ROJOS

Los frutos rojos, también llamados frutos del bosque, son diferentes tipos de bayas que hoy en día se cultivan, pero antiguamente solo se podían encontrar de forma silvestre. El pigmento intenso de la mayoría de estos frutos se debe a que contienen una gran concentración de flavonoides con propiedades antioxidantes. En general, cuanto más oscuro es su color, mayor valor nutricional poseen. Son también ricos en fibra y vitaminas, sobre todo, vitamina C.

VARIEDADES

Entre los frutos rojos destacan los siguientes:

Arándano
Es una baya pequeña, de color negro azulado y de sabor dulce.

Fresa
De color rojo brillante, la fresa es dulce, aunque algunas variedades tienen un toque agrio.

Grosella
También conocida como zarzaparrilla, es una baya ácida de color rojo translúcido. También hay grosellas negras, aunque se emplean para elaborar licores como la crème de cassis.

Mora
Es de color negro brillante, perfumada y muy sabrosa y dulce.

Frambuesa
Parecida a la mora, aunque de color rojo, tiene un sabor intenso y dulce.

«Las frambuesas y las grosellas son unas fantásticas aliadas para aportar acidez y frescor a muchos platos que pueden resultar pesados, tanto salados como dulces».

El fruto de una ninfa

La mitología griega cuenta que el origen de la frambuesa se dio cuando la ninfa Ida se pinchó el dedo recogiendo bayas para Júpiter, quien entonces era un niño, y con su sangre se volvieron rojas.

Trucos Torres

- Para preservar todo su sabor y propiedades, es ideal comprarlos o cogerlos maduros y lavarlos bien con agua fría sin dejarlos en remojo.

- Además de poderse comer crudos, normalmente se utilizan en cocina para la elaboración de mermeladas, jaleas, compotas, confituras, helados, cremas o salsas.

- Se deben conservar en el refrigerador o, en su defecto, en un lugar fresco, oscuro y ventilado. Su congelación solo se aconseja si es para preparar posteriormente mermeladas, salsas o coulis.

COULIS

El coulis es una salsa de origen francés que se prepara con frutos rojos, como frambuesas o fresas. Puede acompañar helados, tartas (ver pág. 102) e, incluso, una macedonia de frutas.

BIZCOCHO-MICRO DE FRUTOS ROJOS CON CHANTILLÍ DE VAINILLA

Para ④ personas

★ PARA EL CHANTILLÍ DE VAINILLA

200 g de
   nata para montar
20 g de azúcar
½ vaina de vainilla

★ PARA EL COULIS

150 g de frambuesas
100 g de fresas

Para el bizcocho-micro

300 g de clara de huevo
100 g de puré de
   frutos rojos

60 g de harina de
   almendra
50 g de azúcar
25 g de harina de trigo

Para decorar

16 frambuesas
16 fresitas del bosque
8 fresas
8 arándanos
4 moras
1 racimo de grosellas
1 ramita de menta

Para preparar el chantillí de vainilla, disponer primero la nata en un bol. Añadir el azúcar y raspar encima con un cuchillo la pulpa de la vaina de vainilla. Montar la nata con unas varillas y reservar en la nevera.

Introducir en el vaso de la batidora las frambuesas y las fresas para preparar el coulis. Triturarlo y colarlo para quitar todas las semillas. Reservar 100 g para la elaboración del bizcocho y disponer el resto en una manga pastelera que se guardará en frío para la decoración final.

Para el bizcocho, mezclar en un bol los dos tipos de harina. Luego montar las claras a punto de nieve. Cuando estén casi montadas, espolvorear por encima el azúcar, sin cesar de mezclar. Después, incorporar las harinas en forma de lluvia, para no crear grumos, al mismo tiempo que se continúa integrando todo con movimientos envolventes con la ayuda de una lengua de silicona. Por último, empleando la misma técnica de mezclado, agregar despacio el coulis. Una vez que estén todos los ingredientes bien integrados y sin que las claras hayan bajado demasiado, repartir la mezcla entre 10 vasos de plástico de los de un solo uso, en los que previamente se habrán realizado 3 cortes en la base. Rellenar solo unos 3 dedos con el preparado.

Introducir sin dilación los vasos en el microondas a 800 W durante 50 s. Transcurrido el tiempo, retirarlos y colocarlos del revés encima de una rejilla para que puedan respirar. Como es un bizcocho muy ligero, si no se hace esto, «caería» la masa.

Cuando los bizcochos se hayan enfriado, introducirlos en el congelador, también boca abajo, durante 1 h. Pasado este tiempo, extraerlos del vaso —si es necesario romper el recipiente—. Partir el bizcocho en trozos de diferente tamaño y colocarlos en un plato. Decorar con unas hojitas de menta y con los frutos rojos. Las moras y los arándanos se pueden cortar por la mitad, mientras que los otros frutos se pueden dejar enteros.

Finalmente, hacer una quenelle con el chantillí de vainilla y dibujar unos puntos alrededor del bizcocho con el coulis reservado en la manga pastelera.

Trucos Torres

- El chantillí es una crema batida de origen francés, ligeramente azucarada y perfumada con vainilla. La creó el mítico cocinero francés François Vatel en el siglo xvii. En lugar del chantillí, el bizcocho se puede acompañar con una bola de helado de vainilla o sorbete de frutos rojos.

- Esta receta también se puede realizar con la ayuda de un sifón. Existen dos tamaños: de 1 l y de 0,5 l y, para crear las espumas, se emplean cargas de óxido de nitrógeno. Hay que tener en cuenta que el sifón no se puede llenar hasta arriba, ya que debe dejarse espacio suficiente para el aire comprimido (N_2O) que se incorpora. Hay que agregar el aire con el sifón del revés. Por último, agitar muy bien el recipiente después de agregar cada carga. Para esta receta, se necesitan dos.

- El coulis se puede preparar con otros purés de frutas (melocotón, mango, fresa...), siempre y cuando tengan la misma densidad que el de frutos rojos.

 La harina de trigo se puede sustituir por otra sin gluten obteniendo el mismo resultado.

TARTA DE FRUTOS ROJOS

Para **4** personas

Para la base
150 g de galletas maría
50 g de harina de
   almendras
1 cucharadita de
   azúcar moreno
Nuez moscada
Canela en polvo y sal

Para la crema de queso
800 ml de nata líquida
240 g de mantequilla
200 g de queso de untar
200 g de queso
   mascarpone
200 g de requesón

100 ml de leche
   condensada
50 g de miel
6 hojas de gelatina
1 pellizco de jengibre rallado
La ralladura de ½ lima

Para el baño de frutos rojos
100 g de fresas
80 ml de agua
40 g de miel
2 hojas de gelatina
4 fresas (para decorar)
Hojas de menta (para
   decorar)

Para preparar la base, triturar las galletas maría con la batidora. Agregar la harina de almendras, el azúcar moreno, una pizca de nuez moscada, otra de canela y otra de sal. Triturar todo y pasarlo a un cuenco.

En un cazo al fuego fundir y tostar la mantequilla hasta que adquiera un color avellana. En este momento, incorporarla al cuenco de las galletas maría, remover y forrar con esta preparación la base de un molde redondo, presionándola bien para que quede firme. Reservar en la nevera durante unos 30 min o hasta que se endurezca.

Para preparar la crema de queso, poner en remojo las láminas de gelatina durante 10 min. Montar a punto de nieve la mitad de la nata líquida. Disponer el resto de la nata líquida en un cazo al fuego y agregar el requesón, el mascarpone y el queso de untar. Remover hasta que la crema resulte untuosa.

En este momento, verter la leche condensada, la miel, el jengibre y la ralladura de lima, y remover bien hasta que se integren por completo. Agregar, por último, las hojas de gelatina hidratadas y escurridas. Remover hasta que se disuelvan completamente. Retirar el cazo del fuego y dejar que la preparación se entibie. Incorporar la nata montada reservada cucharada a cucharada y con movimientos envolventes, y verter la preparación en el molde. Reservar en la nevera durante 4 h para que asiente y cuaje.

Pasado el tiempo, para preparar el baño de frutos rojos, limpiar las fresas e hidratar las hojas de gelatina durante 10 min. Disponer las fresas en un cazo junto con la miel y el agua, y llevar a ebullición. En este momento, retirar el cazo del fuego y agregar la gelatina escurrida. Remover hasta que se disuelva por completo. Triturar la preparación con la batidora y pasarla por un chino. Cuando se haya enfriado, pero no cuajado, verterla en el molde sobre la crema de quesos (una vez que esté cuajada esta) y mover el recipiente hasta que quede toda la superficie cubierta. Reservarlo en el frigorífico hasta que el baño haya cuajado.

Por último, lavar las fresas y laminarlas. Colocarlas en la superficie de la tarta una vez desmoldada junto con las hojas de menta.

Trucos Torres

- El baño de frutos rojos de esta tarta de queso puede usarse en muchas otras preparaciones. Por ejemplo, sin la gelatina se convierte en un coulis ideal para acompañar natillas, yogures, crepes o gofres.

- Las fresas son por antonomasia las frutas que se emplean para preparar los coulis, pero hay muchas otras que le darán un toque diferente y original: higos, mango, papaya, frutos del bosque... por separado o una mezcla de ellos.

- La base de esta tarta se ha elaborado, entre otros ingredientes, con harina de almendra porque este fruto seco aporta un toque de sabor y textura muy interesantes. Otras harinas que la podrían sustituir son las de nuez o avellana y, en general, las de cualquier otro fruto seco.

CLAFOUTIS DE GROSELLA

Para **4** personas

250 g de grosellas

100 g de harina

100 ml de leche

75 ml de nata líquida

2 huevos

1 vaina de vainilla

1 cucharada de azúcar

1 cucharada de aguardiente

Para encamisar el molde

50 g de harina

30 g de mantequilla

Precalentar el horno a 180 °C.

Abrir la vaina de vainilla longitudinalmente y raspar la pulpa y las semillas. En un cuenco, disponer la harina y el azúcar, y agregar la vainilla; mezclar. En otro recipiente aparte, unir la leche con la nata líquida e ir agregando esta preparación, poco a poco, al cuenco de la harina y el azúcar, removiendo constantemente. A continuación, incorporar el huevo y el aguardiente. Mezclar bien hasta lograr una crema de textura homogénea.

Encamisar un molde metálico con mantequilla y harina (ver Trucos Torres). Disponer en la base de este las grosellas (reservar unas cuantas), repartiéndolas con cuidado. Verter entonces la crema que se ha preparado anteriormente y distribuir las grosellas reservadas encima. Introducir el molde en el horno y cocer la preparación durante unos 45-50 min o hasta que el interior esté bien cocido.

Pasado el tiempo, retirar el molde del horno, dejarlo enfriar y decorarlo con un poco de azúcar glas.

Trucos Torres

- El clafoutis es una tarta tradicional francesa que se puede elaborar con diferentes frutas. En función de la región del país galo, se incorporan melocotones, uvas tintas, manzanas, ciruelas... Sin embargo, si no se dispone de fruta fresca, una buena opción es recurrir a las conservas, tanto al natural como en almíbar. Si se emplean estas últimas, habrá que tener en cuenta el azúcar que llevan, por lo que reduciremos la cantidad de edulcorante de la masa.

- En términos culinarios, «encamisar» hace referencia a las técnicas que se emplean para asegurar el fácil desmoldado de una preparación (generalmente algún tipo de pastel). Se puede realizar de diversas formas, aunque la más común consiste en untar con mantequilla la base y las paredes del molde, y luego espolvorearlas con harina. Después de sacudir el molde para retirar el exceso de harina, ya se puede introducir la preparación. Otras recetas, como los flanes, exigen un encamisado de caramelo mientras que en los dulces al estilo del áspic se hace con gelatina.

Encamisar un molde

UVA

El culto egipcio al dios Osiris, quien según la leyenda, enseñó a la humanidad el cultivo de la vid, demuestra la antigüedad de este fruto y de la bebida fermentada que de él se obtiene.

La mejor temporada de la uva es entre los meses de agosto y octubre. Las frescas son un buen acompañamiento para aves, foie-gras, quesos y ensaladas. Las secas, es decir, las pasas, maridan bien con carne de ave y cerdo, y algunos pescados. En repostería suele utilizarse la variedad sultana o de Corinto para tartas, bizcochos, galletas y panes.

«A diferencia de muchas otras frutas, no es necesario pelar las uvas porque su piel concentra gran parte de sus nutrientes esenciales».

MOUSSE DE PASAS AL RON

Para **4-6** personas

400 ml de nata líquida 35 % m. g.

125 ml de ron añejo

80 g de miel

80 g de pasas

3 yemas de huevo

2 hojas de gelatina

Café soluble

Unas 12 h antes de preparar la receta, poner las pasas en remojo con el ron. Al día siguiente, escurrirlas y reservar en el colador hasta que se empleen. Guardar también el ron.

Poner en remojo las hojas de gelatina en agua fría durante 10 min. En un cazo disponer la miel y el ron, y llevarlo al fuego para calentar la mezcla. En este momento, añadir las hojas de gelatina escurridas y remover hasta que se disuelvan. Dejar entibiar.

Mientras tanto, montar las yemas en un cuenco con la batidora hasta que blanqueen y hayan triplicado su volumen. En este momento, incorporar poco a poco el jarabe de miel y ron, y mezclar.

En un cuenco, montar la nata y con una lengua pastelera incorporar poco a poco la mezcla de yemas, miel y ron con movimientos envolventes. Cuando todo esté perfectamente integrado, agregar las pasas y mezclar (reservar algunas para la decoración).

Repartir la mousse en copas y reservar en la nevera para que acabe de cuajar un mínimo de 2 h. Pasado el tiempo, decorar con las pasas reservadas y espolvorear un poco de café soluble antes de servir.

Trucos Torres

- Para montar la nata, introducir el cuenco con esta dentro de otro recipiente con agua y hielo. La nata sube fácilmente a una temperatura de unos 3-4 °C.

- Esta sencilla mousse puede prepararse de diversas maneras. Por ejemplo, se puede sustituir el ron por puré de frutas, como frambuesa, fresa o mango, o por otro tipo de alcohol, el que más guste. En vez de pasas, se pueden incluir trocitos de frutos secos. Por su parte, la miel puede reemplazarse por jarabe de arce o sirope de agave.

- El jarabe de ron debe incorporarse a la nata a temperatura ambiente, ni más frío ni más caliente. En el primer caso, la mezcla resultaría demasiado compacta, y en el segundo muy probablemente la nata se vendría abajo.

- El toque del café soluble da personalidad al postre, pues al mezclarse con los aromas del ron, recuerda a un «carajillo», una combinación realmente sorprendente.

POLLO A LA CAZUELA CON UVAS, LIMÓN Y CANELA

Para 4 personas

1 l de caldo de cocido (ver pág. 27)
4 muslos de pollo de payés
400 g de cebolla
300 ml de mosto
200 g de zanahoria
200 g de uvas
50 g de puerro
2 dientes de ajo
1 ramita de tomillo
La piel de ½ limón
½ ramita de canela
Aceite de oliva suave
Sal y pimienta

Pelar y laminar los dientes de ajo. Pelar la cebolla y las zanahorias, y picarlas. Limpiar, lavar y picar el puerro.

Cortar los muslos por la mitad, partiéndolos por el cartílago. Salpimentarlos y dorarlos en una cazuela con un chorro de aceite. Cuando cojan color, retirarlos de la sartén. Echar los ajos y dorarlos levemente. Enseguida, incorporar la cebolla, la zanahoria, el puerro y la ramita de tomillo. Proseguir con la cocción unos 30 min, hasta que el conjunto quede bien pochado.

A continuación, reincorporar el pollo y agregar la piel de limón y la canela. Verter el mosto y la mitad del caldo. Cocer el conjunto durante 1 h aproximadamente o hasta que la carne esté tierna, agregando más caldo si fuera necesario.

Un minuto antes de acabar con la cocción, incorporar las uvas, previamente peladas y despepitadas. Retirar del fuego y servir.

Trucos Torres

- Las verduras pochadas nos servirán para acompañar este fantástico guiso de pollo con uvas.

- Otra terminación del plato posible: antes de añadir las uvas, retirar el pollo y triturar el resto de los ingredientes de la cazuela. Después de colar la salsa, que quedará espesa, se introduce de nuevo el pollo en la cazuela, junto con las uvas peladas y despepitadas y la salsa, y se cuece unos 2 min antes de dar por terminado el plato. Así se aprovecha todo al 100 %.

- También se puede preparar con el resto de las partes del pollo, siempre y cuando se corten en trozos regulares para que se cocinen por igual.

La canela y el limón dan un toque especial al plato si no nos pasamos, ya que especialmente la primera es muy dominante y mata el sabor del resto de los ingredientes.

CÍTRICOS

Los cítricos proceden de Oriente, donde crecían de forma silvestre. En el siglo X, los árabes introdujeron en España el naranjo amargo y el limonero, pero su uso era meramente ornamental. No fue hasta el siglo XV cuando empezaron a valorarse como frutales, aunque su cultivo se comenzó a extender en el siglo XVIII. Son frutas ricas en vitamina C y en nutrientes que benefician la salud cardiovascular y nuestro sistema inmunitario. El Mediterráneo es un gran productor de cítricos por su clima seco con abundancia de sol. Se pueden encontrar todo el año, pero el invierno es su mejor temporada.

«Para aromatizar un plato, solo hay que rallar el cítrico por encima o añadir unas gotas de su jugo. Uno de nuestros preferidos es la lima».

Naranja sanguina

Pomelo

Mano de Buda

Naranja

Lima kaffir

Lima

Mandarina

Kumquat

Caviar cítrico

VARIEDADES

Naranjas y mandarinas

Además de comerse directamente o en zumo, son idóneas para ensaladas, primeros platos de arroz, cuscús o como toque agridulce de salsas para acompañar carnes y pescados.

Limón, lima y cidra

Sirven como aromatizantes de platos y aliños. La lima es verde y más pequeña y amarga que el limón; también existen variedades minis. La lima kaffir es similar, pero con la piel rugosa, y la cidra es más grande, con corteza gruesa y verde. De las dos últimas, se emplea principalmente la piel como aromatizante por su fuerte contenido en aceites esenciales. La mano de Buda es una variedad de cidra cuyos frutos están fragmentados en secciones parecidas a dedos.

Pomelo

Es más grande y achatado que la naranja, de color amarillo o amarillo rosado y agrio-amargo. Puede ser original en una ensalada y un buen aliado para contrarrestar platos ahumados.

Kumquat

También conocido como naranjo enano o chino, este fruto está cubierto por una fina y aromática piel amarilla, anaranjada o roja. La pulpa es ligeramente ácida y de color naranja. No hay que confundirlo con el quinoto, una variedad de naranja.

CAVIAR CÍTRICO

Es el fruto de un arbusto de origen australiano. Tiene forma de pequeño cilindro y su piel puede presentar distintos colores según la variedad. En su interior, esconde unas perlitas —de ahí su nombre— de sabor potente y ácido.

¿Qué es el agua de azahar?

Este producto se elabora a partir de la destilación de flores del naranjo y es un aromatizante natural utilizado en postres tradicionales como el roscón de Reyes, así como en muchos bizcochos, brioches, magdalenas, almíbares y dulces con miel.

RAVIOLIS DE MEJILLONES CON CÍTRICOS Y AZAFRÁN

Para 4 personas

2 kg de mejillones

12 obleas para empanadillas

250 ml de vino blanco

½ pimiento rojo

½ pimiento verde

½ cebolla

El zumo y la ralladura de 1 lima

El zumo y la ralladura de ½ naranja

4 granos de pimienta negra

1 ramita de tomillo limón

1 ramita de perifollo

1 hoja de laurel

1 pizca de azafrán en hebras

Aceite de oliva virgen extra

Sal y pimienta negra

Limpiar los mejillones raspándolos y retirándoles los filamentos. Disponerlos en una olla. Agregar el laurel, el tomillo limón, los granos de pimienta, los zumos y la ralladura de la naranja y de la lima. Reservar unas gotas de zumo y ralladura de la lima para más adelante. Verter, por último, el vino blanco y llevar la olla al fuego con la tapa puesta. Cocer hasta que los mejillones se abran. Retirar la olla del fuego y dejar que se entibie. Separar la carne de la valva y reservar. Colar el caldo por una estameña y reservar.

Lavar y pelar los pimientos, y cortarlos en dados pequeños. Pelar y picar la cebolla. Poner una sartén al fuego con un chorro de aceite de oliva y saltear las verduras un par de minutos. Reservar.

Picar los mejillones y agregarlos a la sartén del sofrito de pimiento y cebolla. Incorporar un poco del caldo de cocción de los mejillones. Aliñar con el perifollo picado, sal y pimienta. Rociar con un chorro de aceite de oliva y remover.

Para elaborar la salsa que acompañará los raviolis, en un cazo calentar el caldo de cocción de los mejillones y agregar unas hebras de azafrán y las gotas de lima reservadas anteriormente.

Para preparar los raviolis, extender una lámina de pasta y colocar en el centro una cucharada de relleno de mejillones. Colocar otra lámina de pasta encima y cortar con un cortapastas.

Sellar presionando los bordes con un tenedor o con los dedos. Poner una olla al fuego con abundante agua y sal. Llevar a ebullición y cocer los raviolis durante 1 min. Colar y disponer en una bandeja; rociar con un chorro de aceite de oliva, y aliñar con sal y pimienta.

Disponer 3 raviolis en cada plato y verter un poco de la salsa preparada. Rociar con un chorro de aceite de oliva y espolvorear con ralladura de lima.

Trucos Torres

- La masa para los raviolis es la típica de empanadilla que se puede adquirir en cualquier tienda de alimentación. Se suele emplear para preparar empanadillas, bien fritas, o bien horneadas. No obstante, cociéndolas en agua hirviendo, el resultado es sorprendente. Hay que controlar el tiempo de cocción, que no debe pasar de 1 min, pues de lo contrario la masa se desharía.

- Los raviolis son un tipo de pasta que admite infinidad de rellenos: quesos, mariscos, pescados, carnes, verduras, setas, y un largo etcétera. La salsa con la que se acompañen deberá tener muy en cuenta el relleno para que el contraste de sabores y aromas sea el ideal.

- Para elaborar este plato, como los moluscos se acaban troceando, basta con adquirir mejillones comunes, de tamaño grande, que son más económicos. En otras recetas en las que vayan enteros, vale la pena comprar los de tipo dátil, más pequeños y mucho más sabrosos, aunque evidentemente más caros.

Al final, también se le puede poner un poco de ralladura de jengibre.

Otra opción es hacer pasta en forma de media luna, utilizando una única oblea.

GALLO A LA MEUNIÈRE DE CÍTRICOS Y AJETES

Para 4 personas

2 kg de gallo
1 naranja
1 limón
8-10 ajos tiernos
1 ramita de perejil
Aceite de oliva suave
Sal y pimienta

⭐ **PARA LA SALSA MEUNIÈRE**

400 ml de fumet de pescado (ver pág. 27)
150 g de mantequilla
El zumo de 2 limas
Sal y pimienta

Precalentar el horno a 180 °C.

Limpiar los ajetes y cortarlos en juliana. Poner una sartén al fuego con un chorrito de aceite de oliva y saltearlos. Lavar el perejil, secarlo y picarlo. Reservar los dos ingredientes.

Para limpiar el gallo, retirarle las escamas raspando con un descamador o un cuchillo. Cortarle la cabeza, las aletas y vaciarle la tripa. Lavar con abundante agua y secarlo con papel de cocina. Seguidamente, encima de una tabla de cortar y con la ayuda de un cuchillo afilado, realizar cortes de arriba abajo (de cabeza a cola) en ambos lados, recorriendo la espina central del pescado, separando así los 4 filetes.

Pelar la naranja y el limón; cortarlos en rodajas de 1 cm de grosor. Colocar la mitad de las rodajas en la base de una fuente para horno. A continuación, embadurnar el pescado con aceite de oliva, salpimentarlo y disponerlo encima.

Introducir la bandeja en el horno y cocer el pescado durante 6-7 min o hasta que se empiece a levantar la carne de la espina, indicación de que estará hecho.

Mientras el pescado se cuece, para preparar la salsa meunière, poner un cazo al fuego con la mantequilla y dejar que adquiera color. Cuando tenga un tono avellana tostado, retirar el cazo del fuego y verter el fumet de pescado de una sola vez. Devolver el cazo al fuego y llevar a ebullición. Cocer y remover de vez en cuando hasta que la salsa quede ligada. En este momento, salpimentar y agregar el zumo de limón. Remover bien y pasar por un chino.

Cuando el pescado esté listo, retirar la bandeja del horno y colocar el pescado en platos de servir. Rociar con la salsa y disponer encima los ajetes reservados y espolvorear con el perejil. Servir.

Trucos Torres

■ Es importante que las rodajas de los cítricos tengan un mínimo de grosor para que tras la cocción mantengan su forma, sabor y jugosidad. Con 1 cm, como se indica en la receta, es suficiente, siempre y cuando los limones y las naranjas tengan un tamaño medio. Si son pequeños, habrá que cortar las rodajas todavía más gruesas.

■ Casi cualquier pescado de carne blanca sirve para realizar esta receta (San Pedro, lenguado, lenguadina, etc.). Lo único que habrá que tener en cuenta es el tiempo de cocción, que depende básicamente del calibre de la pieza de pescado, pues, a mayor tamaño, saldrán unos filetes más gruesos. De todas formas, estos necesitan muy poco tiempo de cocción: si nos pasamos, el pescado quedará seco.

■ La base de la salsa meunière se realiza con mantequilla *noisette* o avellana. Se trata de una técnica de origen francés, que consiste en derretir la mantequilla y cocerla hasta que alcanza un tono marrón tostado, parecido al de la avellana, de ahí su nombre. Además del color, con esta técnica se logra un matiz aromático muy apreciado en cocina para realizar infinidad de platos.

Plátano

Se suele comer crudo, solo o como ingrediente de postres, batidos o ensaladas, para aprovechar todas sus propiedades nutritivas. El plátano macho (o banana) es más harinoso y duro. Por eso es la variedad que habitualmente se emplea para cocinar en guisados, fritos, asados, a la plancha, en salsas o en purés.

El mito de ser la fruta más calórica

No se puede negar que el plátano es una fruta calórica, pero las cifras no son prohibitivas ni mucho menos. Un plátano sin piel (unos 80 g) aporta 66 kcal, mientras que una manzana pelada y despepitada (unos 150 g) tiene 70. Esta fruta tropical es además rica en potasio, magnesio y ácido fólico.

FLAN DE PLÁTANO DE CANARIAS CON CARAMELO DE SU MIEL

Para 4 personas

500 ml de leche

60 g de miel de plátano

3 huevos

2 plátanos

½ vaina de vainilla

La ralladura de 1 limón

Para el caramelo

300 g de miel de plátano

Precalentar el horno a 180 °C.

En el vaso de la batidora disponer la leche, los plátanos pelados, los huevos, la miel, la ralladura de limón y la pulpa de la vaina de vainilla (rascarla con un cuchillo). Triturar hasta obtener una crema de textura homogénea. Reservar.

Para preparar el caramelo, disponer una sartén a fuego suave con la miel de plátano. Llevar a ebullición y cocerla hasta que tome cuerpo y se haya evaporado toda la humedad. Verter el caramelo en las flaneras y dejar enfriar por completo.

Cuando el caramelo esté frío, llenar las flaneras con la mezcla de plátano y colocarlas en una bandeja para realizar un baño maría. Introducir la bandeja en el horno y cocer los flanes durante 30 min con calor solo por abajo.

Transcurrido el tiempo, retirar la bandeja del horno y dejar que los flanes se enfríen en el agua del baño maría. Una vez fríos, reservar en la nevera durante un mínimo de 2 h para que se asienten.

Pasado el tiempo de reposo, desmoldar los flanes y servir.

Trucos Torres

- El plátano y su miel logran dar un toque distinto y sorprendente a un postre tan tradicional como es el flan. Se puede acompañar con un poco de nata montada, un chantillí de vainilla (ver pág. 102), unas rodajas de plátano con nueces caramelizadas o un helado de vainilla.

- No es fácil encontrar miel de plátano. Se puede sustituir por cualquier otro tipo de miel (ver pág. 149).

- El resultado de este flan depende del tipo de horno del que se disponga, ya que no tienen la misma potencia los de gas que los eléctricos. Por ello, los tiempos de cocción que se indican en cualquier receta deben considerarse aproximativos. En el caso de este flan, para saber si se está cociendo a la temperatura correcta, basta con cerciorarse de que el agua del baño maría no hierve. Si eso ocurriera, la textura del flan no quedaría lisa como se pretende, sino con pequeñas burbujas en su interior. Para comprobar si ya está cocido, pinchar con un cuchillo limpio.

«A la hora de elegir, el plátano de Canarias siempre es nuestra primera opción».

GUACAPLÁTANO

Para 4 personas

3 tomates
2 aguacates
1 cebolla tierna
1 guindilla roja fresca
El zumo y la ralladura de ½ lima
50 ml de aceite de oliva virgen extra
1 chorrito de vinagre de vino blanco

Cilantro
Tabasco
Salsa Perrins'
Sal y pimienta

⭐ PARA LAS CHIPS DE PLÁTANO

400 ml de aceite de oliva suave
2 plátanos macho
Sal y pimienta

Para preparar el puré de aguacate, partir estos por la mitad y deshuesarlos. Para ello, basta con clavar en el hueso la hoja del cuchillo con un golpe suave, girarlo para que se despegue de la fruta y extraerlo. Retirar la pulpa con una cuchara y disponerla en el vaso de la batidora. Salpimentar y agregar unas gotas de tabasco y otras de salsa Perrins', así como el zumo y la ralladura de lima. Triturar hasta lograr un puré fino.

Escaldar los tomates y pelarlos. Retirar las semillas y cortar la pulpa en *concassé* (ver pág. 23). Pelar la cebolla y picarla. Incorporar estos dos ingredientes al puré de aguacate, agregar el cilantro picado al gusto y la guindilla picada. Aliñar con aceite de oliva, sal, pimienta y el vinagre, mezclar y tapar con film. Reservar en la nevera.

Para preparar las chips, cortar las puntas de los plátanos y pelarlos. Con la ayuda de una mandolina, cortar láminas de plátano al bies. Poner el aceite en una sartén y llevar al fuego. Con el aceite muy caliente, freír las láminas hasta que queden muy crujientes. Retirar de la sartén y depositar las chips sobre papel de cocina para que suelten el exceso de aceite. Salpimentar.

Servir el guacamole en un cuenco aliñado con un chorro de aceite y decorado con unas rodajas de guindilla. Acompañar con las chips de plátano.

Trucos Torres

Lo ideal es prepararlo al momento.

- Existen multitud de trucos para mantener el aguacate triturado sin que se oxide (aunque la mejor manera de conservarlo es prepararlo justo antes de consumirlo):

  - Introducir el hueso en el guacamole.

  - Agregar vitamina C, que en este caso se consigue con el zumo de lima. Además, le aporta un toque ácido y fresco que potencia los demás aromas del plato.

  - Colocar el cuenco del guacamole en otro cuenco más grande con agua y hielo.

  - Proteger el guacamole del aire tapándolo con papel film o envasándolo al vacío. También se puede introducir con el mismo fin en una manga pastelera.

- El guacamole es un plato típico de la cocina mexicana muy versátil, pues puede acompañar un amplio abanico de productos. Por ejemplo, se puede servir con una ensalada o como salsa de una hamburguesa, entre muchos otros. Su composición suele variar en función del lugar donde se prepare e, incluso, de la persona que lo elabore. Las diferencias, además de algún ingrediente distinto de los que se proponen en esta receta, suelen deberse a la cantidad empleada de condimentos, como la guindilla o el cilantro. Lo mejor es ir probando hasta dar con nuestra fórmula perfecta.

Las láminas de plátano quedan muy finas si se cortan con una mandolina.

Un poco del verde de la cebolla tierna cortada en juliana aporta frescor al plato.

MANZANA

La existencia de la manzana es milenaria. En la Biblia ya aparece como la fruta prohibida en el Paraíso. Con ella, los galos empezaron a elaborar sidra. Se calcula que pueden existir más de 5.000 variedades de esta deliciosa fruta de otoño.

«Es la complejidad de lo sencillo. La manzana puede parecernos un fruto común, pero tiene un sinfín de posibilidades culinarias».

Red Delicious

Granny Smith

Golden Delicious

Reineta

Para hornear, se recomiendan las variedades Golden Delicious y Reineta. La Granny Smith, la McIntosh, la Red Delicious, la Royal Gala y la Fuji son ideales para comer en crudo y para usar en ensaladas.

Para evitar que la manzana troceada se oxide mientras se manipula, es bueno sumergirla en agua con unas gotas de zumo de limón. Pero es importante tener en cuenta que si la dejamos demasiado tiempo se ablandará la pulpa por efecto del ácido. Del mismo modo, si nos pasamos de zumo, este podría repercutir en el sabor final de la manzana.

CREMA DE PUERROS Y MANZANA

Para 4 **personas**

1 l de caldo de cocido
   (ver pág. 27)
850 g de puerros
200 g de patatas
   monalisa
80 ml de nata líquida
3 manzanas Golden
Aceite de oliva virgen
   extra
Sal y pimienta

⭐ **PARA LAS CHIPS DE PUERRO**
300 ml de aceite de oliva
   suave
60 g de harina de trigo
½ puerro
Sal y pimienta

Para preparar la crema, limpiar los puerros —quitar la parte más verde—, limpiar y pelar las patatas y las manzanas, y descorazonar estas últimas. Cortar todos los ingredientes en trozos grandes.

En una cazuela con un chorro de aceite de oliva, pochar el puerro a fuego suave. Cuando esté un poco blando, incorporar las patatas y las manzanas. Rehogar unos minutos más y verter el caldo. Cocer el conjunto durante unos 30 min o hasta que todo esté en su punto.

En este momento, retirar la cazuela del fuego y triturar con la batidora hasta lograr una crema fina. Salpimentar y colar por un chino. Agregar la nata líquida y remover hasta que se incorpore por completo. Reservar en la nevera durante al menos 2 h.

Para preparar las chips, cortar el puerro en 4 trozos y luego por la mitad longitudinalmente. Entonces, cortarlos en una juliana muy fina. Rebozar la juliana de puerro en la harina y freír las chips en una sartén con el aceite de oliva caliente. Cuando queden crujientes, retirar de la sartén y depositar sobre papel de cocina para que absorba el excedente de aceite. Salpimentar. Servir la crema con la juliana de puerro a modo de nido en el centro de la crema y con un cordón de aceite de oliva.

Trucos Torres

- Aunque la nata aporta al plato un punto cremoso realmente fantástico, no es imprescindible. Si entre los comensales hay alguien intolerante a la lactosa o simplemente no se quieren consumir lácteos, se puede prescindir de ella.

- Para limpiar bien los puerros, hay que hacer dos cortes transversales y otros dos perpendiculares entre ellos dejándolos unidos. De esta forma, el interior del puerro queda al descubierto y se puede limpiar con mucha más facilidad bajo el chorro de agua del grifo.

- En esta versión de la vichyssoise, plato que se elabora originariamente con patata y puerro, se ha dado un toque dulce y ácido con la presencia de la manzana. Se trata de una crema fácil y rápida de elaborar, que puede solucionar perfectamente una cena improvisada.

- Se puede servir tanto fría como caliente; está deliciosa de las dos formas. Además, para aportar un toque extra de crujiente, se pueden sustituir las chips de puerro por picatostes, más consistentes.

- Evitar pochar en exceso las verduras y la manzana, es decir, no dejar que tomen color, para que tenga el tono blanquecino que tanto caracteriza a esta crema.

 Para celíacos: prescindir de enharinar las chips de puerro o sustituir la harina de trigo por otra de garbanzo o de maíz.

NUESTRO STRUDEL DE MANZANA

Para 4 **personas**

5 manzanas Golden
200 ml de brandy
50 g de azúcar moreno
40 g de pasas
2 rebanadas de pan de molde
La ralladura de 1 limón
Canela en polvo

Para la masa
600 g de harina
180 ml de agua
80 ml de aceite de girasol
2 huevos enteros + 1 yema
1 pizca de azúcar
1 pizca de sal

La noche anterior a la preparación de la receta, poner las pasas en remojo con el brandy.

Precalentar el horno a 180 °C.

Para preparar la masa, en un cuenco, mezclar la harina con el resto de los ingredientes (menos la yema de huevo). Trabajar la mezcla con las manos hasta lograr una masa homogénea, elástica y brillante. Dejar en reposo, tapada con un trapo de algodón.

Pelar las manzanas y cortarlas en dados de 1 cm de lado aproximadamente. Disponerlos en un cuenco y agregar el azúcar moreno, las pasas escurridas, la ralladura de limón y la canela en polvo al gusto. Mezclar y reservar.

Sobre la superficie de trabajo enharinada, extender la masa con la ayuda de un rodillo hasta que quede una lámina muy fina. A continuación, disponerla sobre una bandeja de horno plana y colocar encima el pan de molde cortado en dados de 1 cm de lado aproximadamente. Seguidamente, disponer la mezcla de manzana y especias, y enrollar el strudel como si se tratase de un gran canelón. Cerrarlo bien y pintarlo con la yema de huevo batida.

Introducir la bandeja en el horno y cocer el strudel durante 20 min aproximadamente o hasta que la masa esté dorada y crujiente. Pasado el tiempo, retirar del horno y servir. Es delicioso tanto frío como caliente.

Trucos Torres

- El strudel de manzana es un dulce típico de la cocina austríaca y del sur de Alemania, donde recibe el nombre de *Apfelstrudel*, cuyos orígenes, sin embargo, se sitúan en la gastronomía bizantina o turca. Esta versión de los hermanos Torres fue una de las más socorridas de los chefs cuando comenzaron en el mundo de la alta cocina.

- Sin lugar a dudas, los mejores compañeros de este *apfelstrudel* son el helado de vainilla o el de *nougatine* de nueces (ver pág. 146). Y nada mejor que en este caso que servirlo caliente. ¡Insuperable!

Manzana Golden

- La mejor manzana para estos postres es sin duda la Golden, pues tiene un sabor dulzón perfecto y una textura carnosa, que aguanta bien el tiempo de cocción en el horno sin deshacerse demasiado. No obstante, vale la pena probar con otras variedades (Royal Gala o Fuji, por ejemplo) para encontrar nuevos matices.

- El pan de molde en esta receta se usa para absorber los jugos que la manzana suelta durante la cocción. De otra forma, este líquido llegaría directamente a la masa del strudel y la empaparía, por lo que perdería su característico punto crujiente.

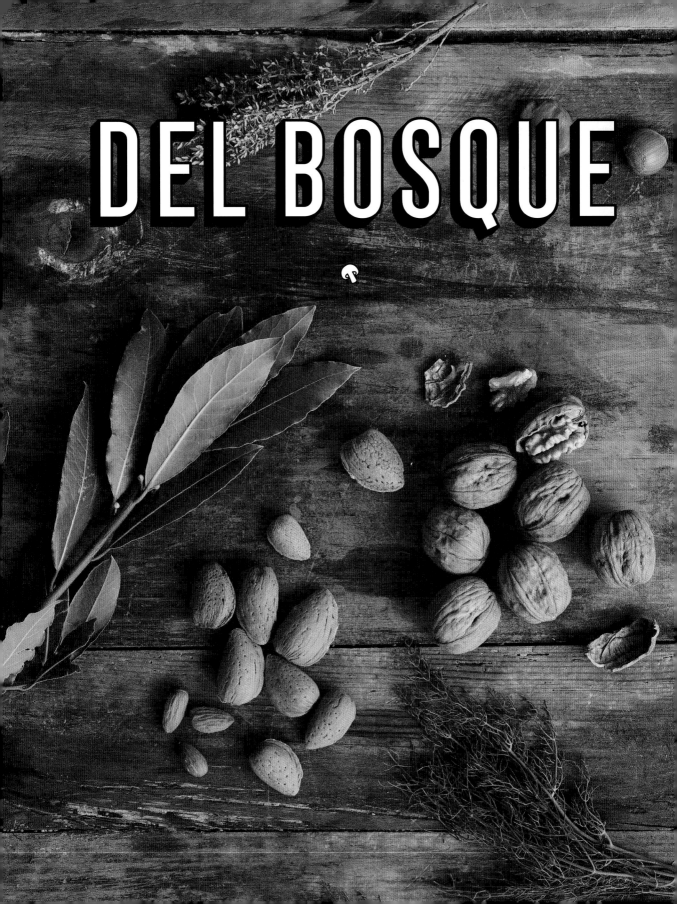

DEL BOSQUE

CHAMPIÑÓN

En el siglo XVII, el agrónomo Jean-Baptiste de La Quintinie, encargado de los jardines de Versalles durante el reinado de Luis XIV, desarrolló el cultivo del champiñón, hasta entonces silvestre. Hoy en día es la seta más cultivada en todo el mundo y se encuentra todo el año en el mercado gracias a su fácil cultivo. En su mayor parte es agua (95 %) y aporta proteínas, sales minerales y fibra. Los champiñones de Portobello y los de París son las variedades más destacadas.

«Los champiñones son deliciosos no solo a la plancha o a la cazuela, sino también laminados en crudo para una ensalada. Bien aliñados, aportan una textura y un sabor muy agradable que combinan a la perfección con el resto de los ingredientes».

ARROZ CREMOSO DE CHAMPIÑONES

Para 4 personas

700 ml de caldo de cocido (ver pág. 27)
500 g de champiñones
320 g de arroz bomba
100 g de cebolla
4-5 calabacines mini
60 g de mantequilla
1 diente de ajo
Sal y pimienta

Limpiar los champiñones retirándoles la tierra que pudieran tener y pasándoles un paño húmedo por el sombrero. Cortarlos en 4 partes (u 8 si fueran demasiado grandes). Trocear la cebolla en *brunoise* (ver pág. 23). Picar el diente de ajo.

En un cazo, fundir la mitad de la mantequilla y agregar la mitad de los champiñones. Dorarlos y añadir la cebolla y el ajo, y proseguir con la cocción hasta que estén bien pochados.

A continuación, incorporar el arroz y sofreírlo unos minutos a fuego moderado sin dejar de remover hasta que adquiera un color nacarado y esté algo transparente (en cocina se denomina «nacarar»). De este modo, el grano queda entero, absorbe bien los sabores y suelta el almidón. Seguidamente, con el fuego muy suave, mojar el arroz con un poco de caldo, previamente calentado, sin dejar de remover. Cocer hasta que el caldo se haya evaporado por completo, es decir, haciendo «sufrir» el arroz. En este momento, agregar más caldo y repetir el mismo paso anterior tantas veces como sea necesario. Unos 5 minutos antes de terminar la cocción —estará en su punto en 18 min—, incorporar las setas reservadas y continuar cociendo, añadiendo más caldo hasta lograr un arroz caldoso.

Una vez finalizado y ya fuera del fuego, poner el arroz al punto de sal y pimienta, y agregar el resto de la mantequilla y los calabacines mini. Remover bien y servir en plato hondo.

Trucos Torres

- Esta receta se puede preparar tanto con arroz bomba como con el de la variedad Carnaroli. Su grano soporta bien la cocción, y también queda entero y con una textura ligeramente dura.

- En cuanto a los vegetales, el calabacín mini aportará al plato un punto crujiente y fresco. Y los champiñones se pueden sustituir por otras setas, como los ceps (*Boletus edulis*), las trompetas de la muerte o los rebozuelos.

- En el restaurante de los hermanos Torres se degusta este mismo arroz, pero aderezado con piñones o nueces (cuando aún están verdes), que le dan un toque crujiente. También se le añade un chorrito de leche de almendras, lo que le aporta un regusto dulzón.

DUXELLES

Es una elaboración francesa, usada en la cocina clásica como relleno, salsa o guarnición, compuesta por champiñones, chalota o cebolla y mantequilla. Esta salsa es inseparable del solomillo Wellington, otro gran plato de la cocina clásica.

Para 500 g de duxelles

1,5 kg de champiñones
500 g de chalotas o cebollas
60 g de mantequilla
1 hoja de laurel
1 diente de ajo
Sal y pimienta

Limpiar los champiñones: cortarles la parte del pie que contenga más tierra y frotar el sombrero con un paño húmedo. Nunca hay que sumergirlos en agua, ya que los champiñones la absorberían y quedarían demasiado húmedos. Cortarlos en dados pequeños.

Pelar las chalotas o cebollas y cortar en *brunoise*.

En una cazuela, fundir la mantequilla y, con el fuego muy suave, agregar la chalota junto con el diente de ajo aplastado con su piel y el laurel. Pochar hasta que adquieran un color caramelo claro. En este momento, incorporar los champiñones y proseguir con la cocción hasta que el agua que hayan soltado se haya evaporado por completo. Retirar del fuego.

Trucos Torres

- A partir de esta base, se puede agregar un poco de nata líquida, si se emplea para elaborar una salsa, o unos dados de jamón o alguna hierba aromática para darle más sabor.

- En función de la aplicación que se le vaya a dar a la duxelles, los champiñones se pueden cocer durante más o menos tiempo, potenciando o suavizando así el dulzor de estos. De la misma forma, se pueden picar o trocear para obtener la textura deseada.

RECETAS FÁCILES CON SALSA DUXELLES

A continuación, se ofrecen un par de ideas para usar esta preparación clásica, aunque los platos en los que puede intervenir son legión, tanto carnes como pescados, arroces o pastas.

PASTA CON SALSA DUXELLES

Para 4 personas

400 g de duxelles
150 ml de nata líquida
1 chorrito de brandy

280-320 g de pasta seca
50 g de dados de jamón
Sal y pimienta

Saltear la duxelles con los dados de jamón.
Flambear con el brandy y agregar la nata líquida.
Reducir a la mitad.
Poner al punto de sal y pimienta, y mezclar con la pasta escogida cocida al dente.

LIBRITOS DE LOMO RELLENOS DE DUXELLES

Para 4 personas

8 libritos de lomo
400 g de duxelles
Sal y pimienta

Para el rebozado
300 ml de aceite de oliva
   suave
2 huevos
Harina de trigo
Pan rallado

Salpimentar los libritos por el interior y el exterior.
Rellenarlos con 1 cucharada de duxelles. Pincharlos con un palillo para evitar que se abran.
Pasarlos por harina, huevo batido y pan rallado. Presionar bien los bordes y freír en abundante aceite de oliva muy caliente.
Retirar, dejar que repose sobre papel de cocina y quitar el palillo antes de servir.

TRUFA

Este hongo redondo, de distinto tamaño según la variedad, es el más apreciado en cocina y el más caro: cuesta entre 150 y 6.000 €/kg. Nace en el subsuelo de los húmedos bosques de robles y encinas, y para recolectarlo se utilizan animales adiestrados y con buen olfato para encontrarlo. Debido a su aroma intenso, la trufa se emplea en pequeñas cantidades, ya sea laminada o rallada.

«Nos gusta pelar las variedades de piel más gruesa, así se consigue una trufa agradable de comer, sin partes duras, y además el emplatado queda mucho más bonito y sutil».

VARIEDADES

Trufa negra

La *Tuber melanosporum* es muy apreciada en gastronomía por su fuerte aroma a subsuelo. Es de color negro intenso y se le marcan unas vetas blancas en el momento de máxima madurez. Si la trufa es muy blanca, es señal de que le falta maduración. Por el contrario, si está blanda y húmeda, es que está un poco pasada. Esta variedad puede cultivarse.

Trufa de otoño

Muy parecida a la negra, la *Tuber uncinatum* presenta un aroma mucho más sutil y un sabor menos intenso, teniendo además la piel menos rugosa y marcada.

Trufa blanca

Proviene del Piamonte italiano. La *Tuber magnatum* es una de las más apreciadas y caras del mercado. Presenta un exterior de color ocre e interior marrón claro con vetas. No se cultiva, por lo que solo puede consumirse en los meses de producción (en invierno). Se come fresca y sin cocinar para respetar su aroma y su sabor embriagador.

Trufa de verano

La *Tuber aestivium* es una variedad exclusiva de la época estival. Tiene un sabor más fresco y más suave que la negra, aunque igualmente muy sutil y agradable. Suelen ser piezas bastante grandes y de un color menos oscuro, con una piel fina marrón claro.

Trufa china

La *Tuber indicum* es pequeña, poco aromática y de piel gruesa. Es la menos interesante de todas las variedades citadas y una de las más baratas.

Trucos Torres

- Al comprar trufas, hay que elegir las más redondas y sin huecos, así serán más fáciles de limpiar. Para comprobar su grado de madurez, se puede realizar un corte por el que veremos el interior: las más oscuras y duras son las más maduras, y en el caso de las trufas de invierno y otoño son las de mejor calidad.

- Hay que comprar la trufa, como mucho, tres o cuatro días antes de su uso y no más de la cantidad necesaria, para no desperdiciarla. La variedad de verano es menos perecedera que las demás.

- Se tiene que limpiar el mismo día de su adquisición. Para ello, se usa un cepillo —uno de dientes duro servirá— humedecido en agua para eliminar el barro con suavidad. Nunca debe sumergirse en agua, pues la  carne la absorbe y eso provoca que pierda parte de su sabor, adquiera un aspecto poco agradable, y se estropee con más facilidad.

- Es mejor pelar las variedades con la piel más gruesa, para que el emplatado quede mucho más bonito. Las pieles se pueden picar finamente con un cuchillo y después incluirlas en vinagretas o salsas como la Périgueux (ver pág. 132) o espolvorear por encima de alguna cazuelita.

- Una vez limpia, se puede guardar en la nevera durante tres o cuatro días como máximo, envolviendo cada trufa en una gasa y dentro de una fiambrera con una base de arroz para que absorba la humedad. Es conveniente abrir el bote donde la conservemos unos segundos todos los días para que se oxigene. Si se guardan huevos en el mismo recipiente, se obtienen huevos fritos trufados (ver pág. 132).

- También pueden conservarse en jugo. Para ello, hay que introducirlas en un frasco de cristal, cubrirlas con agua o brandy y cerrarlas herméticamente. Se pueden conservar todo un año si se esteriliza el bote mediante un baño maría durante 45 min. Una vez que se hayan enfriado, hay que guardarlas en la nevera. La trufa en conserva se puede usar para dar un toque especial a nuestros guisos o salsas.

SALSA PÉRIGUEUX

Para unos 200 ml de salsa

2 l de caldo de cocido (ver pág. 27)
50 ml de jugo de trufa negra (ver Trucos Torres)
2 cucharadas de piel de trufa picada

Poner un cazo al fuego con el caldo de cocido y reducirlo hasta conseguir un 10 % de la cantidad inicial y una textura de salsa colaginosa y untuosa.

Añadir el jugo de trufa y reducir de nuevo hasta que se consiga la densidad deseada. Si se reduce demasiado, puede llegar a amargar.

Por último, agregar la piel de trufa bien picada. La salsa estará lista para usarla en multitud de carnes a la plancha o, incluso, para salsear algún puré o crema de tubérculos.

Trucos Torres

- El jugo de trufa se comercializa ya preparado en grandes superficies y tiendas especializadas. Es un producto obtenido de la primera cocción de trufas negras frescas a baja temperatura, con el único añadido de agua y sal.

- Aunque en esta ocasión se ha empleado la piel de la trufa para aprovecharla, se puede usar el hongo entero, ya sea fresco o en conserva.

HUEVOS FRITOS TRUFADOS

Para 4 personas

4 huevos
50 g de arroz redondo
1 trufa de invierno

Para freír los huevos
250 ml de aceite de
   oliva suave
Sal

En un frasco con tapa hermética, disponer una cama de arroz. Colocar encima los huevos y la trufa. Cerrar el frasco y reservar en la nevera durante 3-4 días (abrirlo unos segundos todos los días para oxigenar el hongo).

Transcurrido el tiempo, poner una sartén al fuego con el aceite. Cuando el aceite esté bien caliente, freír los huevos hasta lograr una puntilla muy crujiente. Rallar un poco de trufa encima de la yema.

Trucos Torres

- En lugar de rallar el hongo, se pueden cortar unas lascas y colocarlas por encima de la yema. También se pueden espolvorear trocitos de la piel de la trufa.

- Si se fríen unas buenas patatas fritas en aceite de oliva suave, se pueden obtener unos fantásticos huevos rotos trufados.

ACEITE DE TRUFA

Para 200 ml de aceite

200 ml de aceite de oliva suave
4-5 láminas o recortes al gusto
    de trufa de invierno

En un frasco de cristal con cierre hermético, introducir las lascas de trufa y agregar el aceite de oliva.

Dejar en maceración entre 2 y 3 días en un lugar fresco y seco, y alejado de la luz solar. Pasado este tiempo, ya se podrá emplear el aceite para aportar a muchos platos el interesante punto aromático que brinda la trufa.

Trucos Torres

- Este aceite debe consumirse en pocos días, pues aunque a simple vista parezca que está en perfectas condiciones, se estropea con facilidad.

- El mismo procedimiento sirve para aromatizar el aceite con hierbas aromáticas, unos dientes de ajo o unas guindillas.

Este aceite es ideal para usarlo en crudo sobre carnes a la brasa, ensaladas o para preparar vinagretas.

HIERBAS AROMÁTICAS

Las hierbas aromáticas son el alma de nuestra cocina. Sirven para potenciar, refrescar o acompañar el sabor de muchos guisos y estofados, pero también se incluyen en masas, ensaladas, salsas o aceites. Además, tienen propiedades medicinales y aportan sales minerales y vitaminas al organismo.

«Además de sabor, las hierbas aportan frescor al plato, sobre todo, si las usamos en fresco y en crudo».

TIPOS

Hay hierbas de sabor potente y otras más sutiles. Además, algunas tienen una preponderancia culinaria en ciertas regiones: el comino, por ejemplo, se emplea mucho en el sur de España, mientras que el cilantro se usa en Asia y Sudamérica.

Albahaca

Se puede encontrar tanto la conocida especie mediterránea como también diversas de origen asiático, cuyos aromas, mucho más intensos, recuerdan al clavo. El aceite de esta planta es rico en estragol, por lo que fue considerada venenosa durante mucho tiempo, aunque por suerte es imposible ingerir la cantidad necesaria para que pueda resultar tóxica.

Cebollino

De esta planta del género *Allium* —el mismo que el de las cebollas—, se usan únicamente sus hojas en fresco, de sabor suave y agradable. Además de aportar color al plato, ofrece un punto refrescante que combina muy bien con infinidad de comidas. Se puede picar o cortar en bastones. Si se cortan unos 4 cm de sus puntas y se clavan en vertical, aportan volumen al plato. También se usan sus flores para la terminación de platos.

Cilantro

Del cilantro se aprovechan tanto la planta como las semillas. Se utiliza especialmente en Asia y en el centro y el sur de América. Tiene un peculiar sabor muy potente, típico en ceviches, guacamoles y mojos.

Estragón

Tiene muchas posibilidades en fresco. De sabores anisados y dulces, su uso es común en la cocina occidental, especialmente en recetas clásicas francesas. Por ejemplo, no puede faltar en la salsa bearnesa, junto con mantequilla, vinagre y yema de huevo.

Laurel

Es habitual en guisos de larga cocción. Se recomienda quitarlo antes de terminar de cocer porque puede dejar un regusto amargo.

Menta

Es una hierba refrescante en ensaladas, y en sopas da un toque especial. Conserva muy bien sus propiedades aromáticas tanto en fresco como en seco. Se usa mucho en elaboraciones de pastelería.

Orégano

Esta planta se asocia, sobre todo, con la pizza y los platos de pasta. De olor embriagador, desecada tiene más aroma. El orégano se considera antioxidante y facilita la digestión. En la alta cocina, se usan sus flores para la terminación de platos.

Perejil

Es una planta muy usada en la cocina mediterránea. Suele acompañar al ajo picado. Combina muy bien con carnes, pescados y verduras, y además aporta color al plato. Se distinguen el perejil plano y el rizado, también llamado «perejil francés».

Perifollo

Parecida al perejil, pero más anisada y fresca, es una planta muy popular en la cocina francesa.

Romero

Tiene un fuerte aroma, ideal para guisos, confitados o sofritos. Se retira al final para dejar solo su esencia en la elaboración. En seco, su sabor es menos intenso. En la alta cocina, se usan sus flores para la terminación de platos.

Salvia

Una de las más usadas en Italia, donde la mezclan con mantequilla para condimentar platos de pasta. También puede usarse en guisos, preparaciones a la brasa o para albardar tanto carnes como pescados.

Tomillo

Igual que el romero, es una planta muy tosca, pero con un aroma espectacular y poderes desinfectantes. En la alta cocina, se usan también sus flores para la terminación de platos.

Tomillo limón

Dentro de las especies de tomillo, destaca esta por su fuerte aroma a limón, de modo que añadiendo una ramita de esta hierba de hojas pequeñas y color verde claro nos bastará. Combina muy bien con platos del mar.

ACEITE DE ALBAHACA

Para 200 ml

1 manojo de albahaca

200 ml de aceite de oliva virgen extra

1. Lavar la albahaca y deshojarla.

2. Poner un cazo al fuego con abundante agua y escaldar las hojas durante 5 s.

3. Pasar las hojas inmediatamente a un cuenco con agua y hielo.

4. Escurrir y envolver la albahaca en un paño de algodón. Apretar con las manos para eliminar cualquier resto de agua.

5. Pasar las hojas ya secas al vaso de la batidora y agregar el aceite de oliva.

6. Triturar hasta lograr una preparación de textura fina. Colar con una estameña o poniendo papel de cocina dentro de un colador.

7. Guardar el aceite en un recipiente de cristal.

Trucos Torres

- Una vez que se haya embotellado, el aceite se debe conservar protegido de la luz con el fin de que no se oxide. Se puede preparar con otras hierbas frescas, como cebollino, estragón u orégano, siguiendo los mismos pasos de esta receta.

- Este aceite es ideal para aliñar multitud de platos, por ejemplo, una ensalada variada o un simple tomate con mozzarella, o bien un plato de pasta. También se puede elaborar con él una mahonesa de hierbas (ver pág. 221) o dar un toque especial a las vinagretas.

- También se pueden preparar aceites aromatizados sumergiendo en el aceite de oliva la hierba, especia o elemento aromático escogido y dejar que macere durante 48 h como mínimo. El resultado es más sutil y el color del aceite menos pronunciado.

Los aceites aromatizados deben consumirse en crudo, pues, si se calientan, pierden sus propiedades organolépticas y sensoriales (aromas y color).

PESTO DE ORÉGANO

Para 200 ml

100 g de hojas de orégano frescas

45 g de piñones

20 g de parmesano

15 ml de agua mineral

½ diente de ajo

30 ml aprox. de aceite de oliva virgen extra

Sal y pimienta

Lavar las hojas de orégano. Poner un cazo al fuego con abundante agua y, cuando hierva, escaldarlas durante 10 s como máximo.

Pasar las hojas inmediatamente a un cuenco con agua y hielo para detener la cocción y realzar su verde natural. Escurrir y envolver el orégano con un paño de algodón. Apretar con las manos para escurrirlo bien.

Disponer en el vaso de la batidora el orégano, los piñones, el ajo y un poco de sal y pimienta. Verter el agua mineral. Triturar incorporando el aceite poco a poco para emulsionar el pesto. Cuando todo esté bien triturado y haya adquirido una textura cremosa con la densidad deseada, agregar el parmesano. Seguir triturando hasta que se incorpore completamente. Rectificar la sazón y ya estará listo para usar.

Trucos Torres

- Esta es la receta del pesto básico, aunque la tradicional albahaca se ha cambiado por orégano. Si se prefiere la fórmula típica, añadir la misma cantidad de albahaca.

- El pesto se emulsiona mejor si, mientras se tritura la salsa, el vaso de la batidora está sumergido en un cuenco con agua y hielo. Otra opción es dejar enfriar el aceite 1 h en el congelador. A menor temperatura, más denso es el aceite y más fácilmente ligará, además de que conservará mejor el verde de la hierba.

- Dependiendo de su uso, el pesto puede presentar distinto espesor. Se consigue añadiendo más o menos aceite, ya que este actúa como si se tratara de una mahonesa. Por ejemplo, para un pescado se recomienda una salsa ligera, mientras que para carnes tiene que ser más espesa.

- Este pesto resulta igualmente delicioso si se añade menos ajo o directamente si se prescinde de él. Un truco para lograr solo un sutil aroma de este ingrediente consiste en frotar el interior del vaso de la batidora con medio diente, y luego proseguir con la elaboración de la receta.

- Los piñones se pueden sustituir por almendras o pistachos, con lo que se consiguen matices realmente interesantes.

> Y en vez de parmesano, para aquellos que no consuman lácteos, se puede emplear harina de almendra.

PATATAS GAJO AL HORNO CON TOMILLO

Para 4 personas

6 patatas agrias
   (medianas)
100 ml de aceite de oliva
30 g de queso parmesano
10 g de harina de
   almendra
2 cucharaditas de
   tomillo seco
1 cucharadita de ajo
   en polvo
1 cucharadita de
   pimentón dulce
Sal y pimienta

⭐ **SALSAS PARA ACOMPAÑAR**

Salsa agria de yogur y
   hierbas frescas (ver
   pág. 164)
Salsa de pimientos
   choriceros y frutos
   secos (ver pág. 37)
Salsa brava (ver pág. 90)
Salsa de mantequilla y
   chalotas (ver pág. 192)

Precalentar el horno a 180 °C.

Limpiar las patatas de posibles restos de tierra bajo el chorro de agua del grifo, secarlas y cortarlas en octavos. Reservar.

En un cuenco grande, mezclar la harina de almendra, el queso parmesano, el tomillo y el ajo. Salpimentar e incorporar el aceite de oliva. Mezclar hasta lograr una pasta ligera. Si quedara demasiado espesa, añadir un poco más de aceite; si, por el contrario, quedara demasiado líquida, incorporar un poco más de parmesano o harina de almendras.

Pasar los gajos de patata al cuenco de la marinada y remover hasta que queden bien impregnados.

Forrar una bandeja de horno con papel de horno y disponer los gajos de patata separados, sin que se toquen entre ellos. Introducir la bandeja en el horno y asar las patatas durante 30 min. Pasado el tiempo, retirar la bandeja y pasar las patatas a un plato con papel de cocina para eliminar el exceso de grasa.

Trucos Torres

▪ La mejor clase de patata para realizar esta receta es la agria, pues es perfecta para que quede crujiente por fuera y tierna por dentro.

▪ A la marinada se le puede añadir las hierbas aromáticas que se prefieran, siempre y cuando sean secas para que no aporten humedad a las patatas, que deben quedar muy crujientes.

Para conseguir otra variante excelente de estas patatas, se puede sustituir el pimentón por curri.

Curri   Pimentón

ALMENDRA

La almendra es originaria del Asia Central, y los romanos, que la llamaban «nuez griega», la extendieron pronto por todo el arco mediterráneo. Hay dos clases de almendros: el de frutos dulces y el de frutos amargos. Tradicionalmente este fruto ha sido muy usado en repostería, para dulces como polvorones, almendrados, turrones y garrapiñadas. Se venden tanto crudas como tostadas.

«Las almendras verdes de leche son un alimento imprescindible en nuestra cocina y, además, ¡nos anuncian el buen tiempo!».

Variedades autóctonas

Marcona, Planeta, Largueta, Rumbeta, Doble Fina y Mollar de Tarragona son algunas de las variedades autóctonas cultivadas y comercializadas en España. Mientras que la Marcona es la más cara y más demandada por los reposteros, la Largueta es la más empleada en la elaboración de aperitivos.

TARTALETA DULCE DE CREMA DE ALMENDRAS Y FRUTOS SECOS

Para 4-6 personas

Para la masa

225 g de harina de trigo
150 g de mantequilla pomada
75 g de azúcar moreno
1 huevo
Sal

Para la crema

180 g de harina de almendra
115 g de mantequilla pomada
100 g de azúcar moreno
60 g de harina de trigo
45 ml de nata líquida
20 g de azúcar glas
1 huevo + 1 yema
1 cucharada de armañac
½ vaina de vainilla

Para los frutos secos

20 g de anacardos sin sal
20 g de nueces
20 g de pasas
20 g de dátiles
20 g de almendras tostadas
20 g de avellanas tostadas
2 cucharadas de miel
750 ml de agua

Para preparar los frutos secos, verter el agua en una olla junto con la miel y agregar los frutos secos. Llevar a ebullición y, una vez que arranque el hervor, retirar del fuego, dejar que se enfríe por completo, y entonces retirar los frutos secos de la olla y depositarlos sobre papel de cocina para eliminar el exceso de humedad. Reservar.

Para elaborar la masa, mezclar en un cuenco la mantequilla pomada junto con el azúcar moreno hasta lograr una preparación homogénea. Incorporar entonces el huevo y continuar mezclando hasta que se integre. A continuación, añadir la harina tamizada y una pizca de sal. Mezclar bien sin amasar, ya que el resultado debe ser una masa un tanto quebradiza. Cubrir la masa con papel film y dejar que repose en la nevera durante 2 h.

Pasado el tiempo, precalentar el horno a 180 °C y estirar la masa hasta alcanzar un grosor de 0,5 cm. Luego, disponerla en un molde de tartaleta (20-22 cm de diámetro y 2 cm de fondo), previamente encamisado (ver pág. 105), presionando con cuidado. Introducir el molde en la nevera y dejar en reposo durante 30 min. A continuación, sacarlo y pinchar con un tenedor la base de la masa. Introducirlo en el horno y cocer durante 20 min. Cuando esté lista, retirar y esperar a que se enfríe.

Para preparar la crema, batir con las varillas en un cuenco la mantequilla en pomada, y el azúcar glas y el moreno.

Incorporar el huevo, la yema, la pulpa de la vaina de vainilla, la nata líquida y el armañac, y seguir batiendo hasta que todos los ingredientes se integren por completo. Entonces, añadir la harina de almendra y la de trigo. Batir hasta lograr una mezcla homogénea. Verter luego la crema en el interior del molde con la masa y colocar encima los frutos secos.

Introducir el molde en el horno (sin el gratinador encendido) y cocer también a 180 °C durante 40 min. Pasado ese tiempo, retirar del horno y dejar enfriar a temperatura ambiente para luego introducir la tartaleta en la nevera durante 2 h. Pasado el tiempo, desmoldar y ya se puede servir.

Trucos Torres

- Para hacerla más ligera, se pueden emplear menos frutos secos o, incluso, sustituirlos por fruta en almíbar bien escurrida, como melocotones, cerezas o peras.

- La base de la tartaleta también se puede utilizar para otros rellenos que no precisan de cocción. Por ejemplo, cociéndola durante unos minutos más hasta que esté totalmente hecha, se puede rellenar después con crema pastelera y decorarla con fruta fresca, como kiwi, fresas, melocotón.

- Los frutos secos se escaldan para que ganen un extra de humedad, y así soporten los 40 min de cocción en el horno. De lo contrario, podrían resecarse o, incluso, quemarse, con lo que añadirían un regusto desagradable.

- La miel, por su parte, aporta un toque dulce a los frutos secos y acompaña de forma magnífica el aroma de la crema de almendras, además de ayudar a que los frutos secos se caramelicen una vez en el horno.

AJOBLANCO CON ANGUILA AHUMADA Y YEMAS DE TOMATE

Para 4 personas

Para el ajoblanco
370 ml de agua
250 ml de caldo de cocido
  (*ver pág. 27*)
100 g de almendras
  Marcona crudas
80 g de miga de pan
40 g de ajos
15 ml de vinagre
Sal y pimienta

Para la mahonesa
1 huevo
100 ml de aceite de
  oliva suave
Sal

Para la guarnición
4 tomates de rama
  medianos
2 filetes pequeños de
  anguila ahumada
1 cebolla tierna
2 cucharadas de huevas
  de trucha
Aceite de oliva virgen
  extra

Para preparar el ajoblanco, introducir en el vaso de la batidora los ajos, previamente pelados, la miga de pan, las almendras, el vinagre, el agua y el caldo, y dejar reposar unas 12 h.

Pasado este tiempo, triturar el conjunto hasta lograr una crema de textura homogénea. Poner al punto de sal y pimienta, y colar por un chino. Reservar en la nevera.

Para preparar la mahonesa (ver pág. 221), disponer el huevo y un poco de sal en el vaso de la batidora, y batir montando con el aceite. Cuando quede bien ligada y espesa, agregar el ajoblanco poco a poco, batiendo sin parar, hasta que se incorpore por completo (cuando se haya agregado más de la mitad del ajoblanco, se puede añadir el resto de golpe sin que se corte). Reservar en la nevera.

Para preparar los tomates, cortar la base y la cabeza, y practicarles una incisión transversal para poderlos abrir y retirar las yemas (las semillas) con cuidado (reservar el resto del tomate para alguna otra preparación). Cortar los filetes de anguila en dados regulares de 1 cm de lado, y la parte verde de la cebolla tierna, en juliana fina, e introducirla en un cuenco con agua y un cubito de hielo, lo que provocará que se rice y quede crujiente. Retirar el hueso de las aceitunas y partirlas por la mitad.

Para montar el plato, disponer todos los elementos, a excepción de la crema, de forma armónica y agradable a la vista dándole volumen y color. Colocar las yemas de tomate, los daditos de anguila ahumada, el verde de la cebolla tierna, unas mitades de aceituna negra y, por último, unas huevas de trucha. Rematar el plato con un cordón de aceite de oliva virgen extra y servirlo con la crema de ajoblanco aparte.

Trucos Torres

- En esta receta, la crema de ajoblanco se trata como un gazpachuelo, una deliciosa receta del sur de la Península, es decir, se liga con mahonesa.

- Si el sabor del ajo resulta demasiado fuerte para algunos comensales, los dientes se pueden escaldar previamente. Para ello, introducirlos en un cazo con agua fría al fuego hasta que hierva y escurrir. Repetir este proceso hasta tres veces para que pierdan su intensidad de sabor.

- La anguila ahumada se puede sustituir en esta crema por otros productos igual de salados y potentes, como unas anchoas o, incluso, unos daditos de jamón.

El verde de la
cebolla tierna

Yema de
tomate

Aceituna
negra de
Aragón

Huevas de
trucha

Aceite de oliva
virgen extra

NUEZ

La nuez es originaria de Asia Menor, desde donde se extendió al resto del mundo. El fruto del nogal es calórico y rico en ácidos grasos, así como en fósforo y en vitaminas B y D. Puede comerse crudo como tentempié o aperitivo, acompañando carnes y pescados, en salsas, en postres, etc. Entre muchos otros productos, el licor de la ratafía está elaborado con nueces.

Variedades de nuez
En el mercado se pueden encontrar variedades españolas (Alcalde, Onteniente, etc.), francesas (Fernor, Franquette, etc.) y americanas (Chandler, Hartley, etc.).

«Comer cuatro o cinco nueces a media mañana es una fórmula saludable de saciar el apetito».

BROWNIE DE CHOCOLATE Y NUECES

Para ◆ **4-6** ◆ **personas**

250 g de chocolate negro
250 g de mantequilla
180 g de harina de trigo
165 g de azúcar moreno
2 huevos

Para añadir al final
120 g de nueces peladas
80 g de chocolate negro troceado

Precalentar el horno a 180 °C.

Poner un cazo al fuego y fundir la mantequilla. Cuando esté fundida, pero sin que llegue a hervir, retirar el cazo del fuego y agregar el chocolate. Mezclar hasta que los dos ingredientes se integren y dejar que repose a temperatura ambiente para que se entibie.

En un cuenco, blanquear los huevos junto con el azúcar, es decir, batirlos hasta que adquieran este tono. Incorporar el chocolate y mezclar. A continuación, añadir la harina tamizada y mezclar hasta que quede incorporada por completo. Por último, agregar las nueces desmenuzadas y el chocolate en trozos. Remover y volcar en un molde protegido con papel siliconado. Con la ayuda de una espátula, repartir los trozos de nueces y chocolate para que queden distribuidos uniformemente.

Introducir el molde en el horno y cocer el brownie durante 25-30 min. Transcurrido el tiempo —su interior debe quedar semicrudo—, retirar del horno y dejar en reposo a temperatura ambiente hasta que se enfríe por completo y se asiente (al menos 2 h).

Trucos Torres

- Este exquisito brownie puede degustarse acompañado de nata montada o un buen helado de vainilla. En este último caso, calentar el brownie durante unos segundos para que el helado se funda parcialmente.

- Para un acabado más elaborado, se puede espolvorear el brownie con un poco de azúcar glas justo antes de servirlo.

- El chocolate se podría fundir en primer lugar y agregar después el resto de los ingredientes. Pero, para evitar que este se queme, aconsejamos fundir en primer lugar la mantequilla, como se ha hecho en la receta. Se ha realizado la operación al fuego, pero también se puede elaborar en el microondas.

Chocolate negro troceado

HELADO CASERO DE NOUGATINE

Para **4** personas

---

250 ml de nata líquida (32 % m. g.)
150 g de azúcar
150 g de clara de huevo
130 g de miel
80 g de nueces

En una sartén al fuego, fundir el azúcar hasta lograr un caramelo. Cuando se haya tostado (cuidando de que no se queme), incorporar las nueces enteras y remover hasta que todas queden caramelizadas por igual.

Disponer un papel de horno sobre la superficie de trabajo y volcar encima las nueces caramelizadas. Esperar a que se enfríe y se solidifique.

Una vez frío, triturar el *nougatine* dejando algunos trozos más grandes que otros. Pasar a un cuenco y tapar con papel film para evitar que se humedezca y apelmace. Reservar.

Montar las claras a punto de nieve (ver Trucos Torres). Poner un cazo al fuego y calentar la miel hasta los 85 °C, justo antes de que empiece a hervir. Agregar la miel a las claras a punto de nieve sin parar de remover y a hilo (muy poco a poco, dejando caer un hilo fino). Continuar batiendo hasta que se haya incorporado por completo y la mezcla haya disminuido de temperatura.

Para montar la nata, ponerla en un bol de metal e introducir este en otro mayor con algo de hielo para realizar un baño maría invertido. Montar la nata con un batidor y, una vez lista, agregar la mitad del *nougatine* y mezclar. A continuación, incorporar las claras con miel cucharada a cucharada y con movimientos envolventes. Para terminar, añadir el resto del *nougatine*. Poner la mezcla en un molde tipo plum-cake y congelar durante 6-8 h. Servir como si fuera un helado de corte. Se puede acompañar de una salsa de chocolate (ver Trucos Torres).

Trucos Torres

- Para montar las claras con facilidad, introducirlas en un bol de metal y ponerlo cerca de los fuegos encendidos de la vitrocerámica, la inducción o el quemador de gas, para que la proteína actúe con más facilidad. ¡Ojo con que caiga algo de yema en el recipiente! Sería imposible montar las claras si hay grasa.

- El *nougatine* también se puede triturar introduciéndolo en una bolsa de plástico alimentaria (las de cierre hermético suelen ser más resistentes) y dándole unos golpes con un rodillo.

- El molde en el que se prepare el helado puede ser de la forma que más agrade: en forma de barra, redondo como de bizcocho, cuadrado...

 SALSA DE CHOCOLATE

Para acompañar este helado de *nougatine*, nada mejor que una salsa de chocolate. Para ello, hervir 400 ml de nata líquida y verter en un cuenco, donde se habrán troceado 250 g de chocolate. Remover. Colocar una porción de helado de *nougatine* en un plato hondo, salsear y decorar con unas hojitas de menta.

Se puede guardar un poco de nougatine para decorar el plato.

Decorar con unas hojitas de menta.

MIEL

En las tumbas de los antiguos egipcios, se han encontrado vestigios de su consumo. Los romanos también la empleaban tanto por sus beneficios medicinales como para cocinar. En la mayoría de las recetas, como las de este libro, la miel puede sustituir al azúcar refinado: ¡tenlo muy en cuenta!

«Nos encanta la miel, ya que, además de aportar numerosos beneficios a nuestro organismo, es mucho más sana que el azúcar refinado».

TIPOS

En función de las plantas cuyas flores hayan libado las abejas, la miel resultante tendrá un color, unas propiedades e, incluso, un sabor notablemente distintos. No hay una miel mejor que otra, sino una más adecuada para cada plato. De más clara a más oscura, destacan las siguientes mieles:

Romero

Es de color ámbar muy claro y de sabor dulce. Es ideal para aliviar molestias del sistema gastrointestinal.

Naranjo

Es suave, tiene un fuerte aroma a azahar, un sabor floral muy fresco y un color claro. Es un excelente relajante natural.

Lavanda

Es muy aromática. Su aroma y sabor evocan intensamente la flor de la que procede. Es clara y más bien ligera, con un alto poder cicatrizante.

Eucalipto

Es una miel de color oscuro, con notas de madera y un característico olor balsámico que comparte con todos los ingredientes derivados de este árbol.

Brezo

De tonalidad rojiza oscura y sabor potente, se emplea principalmente para postres, aunque puede alterar el color de los demás ingredientes. Tiene propiedades desinfectantes, antiinflamatorias, diuréticas y antirreumáticas.

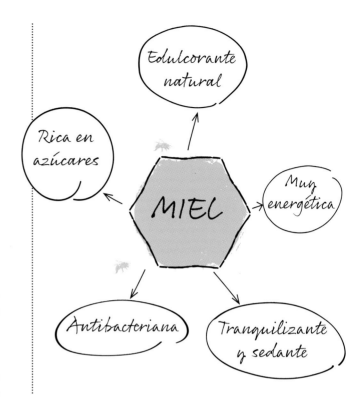

Edulcorante natural

Rica en azúcares

MIEL

Muy energética

Antibacteriana

Tranquilizante y sedante

Trucos Torres

- Con el paso del tiempo, la miel puede solidificarse. Para volver a recuperar su estado líquido sin que pierda sus propiedades, se puede poner el tarro al baño maría a no más de 60 ºC.

- Contiene una parte importante de agua: por cada 100 g de miel, 25 son de agua. Por eso, se debe reducir un poco la cantidad de líquido en aquellas recetas en que el azúcar se quiera suplir por miel.

- Para sustituir el azúcar por la miel, hay que seguir la siguiente proporción:

100 g de azúcar = 75 g de miel

Romero

Flor de
naranjo

Lavanda

Eucalipto

Brezo

NUECES CARAMELIZADAS CON MIEL

Para 200 g

200 g de nueces peladas
170 g de miel
30 g de mantequilla
1 pizca de sal

En un cazo, calentar la miel con la mantequilla y la sal. Remover de vez en cuando hasta que se integren.

Añadir las nueces peladas enteras y remover con movimientos envolventes. Dejar que se evapore el agua hasta que casi todo el caramelo esté adherido a las nueces.

Retirar el cazo del fuego, distribuir las nueces encima de un papel de horno y separarlas con la ayuda de un tenedor para que solidifiquen. Cuando estén frías y sólidas, ya estarán listas para consumir.

TEJAS DE MIEL

Para 16-20 unidades

100 g de almendras laminadas
100 g de harina de trigo
140 g de miel
100 g de mantequilla pomada
La ralladura de ½ naranja

Precalentar el horno a 150-160 °C.

En un cuenco, mezclar la mantequilla pomada con la miel, la harina y la ralladura de naranja; integrar los ingredientes y añadir la almendra laminada. Mezclar bien.

Con una cuchara, formar montañitas de la mezcla en una bandeja de horno debidamente protegida con una lámina de silicona.

Introducir la bandeja en el horno y cocer las tejas durante 10-15 min hasta que tomen un color dorado. Pasado el tiempo, retirar la bandeja del horno. Poner a enfriar las galletas encima de un rodillo de cocina, botella o cualquier otro objeto cilíndrico. Con el propio calor, la masa adoptará la forma de la típica teja.

PREPARADO PARA ASADOS

Para 40 ml

20 g de miel
20 ml de vinagre de Jerez
1 rama de romero
Sal y pimienta

En un cuenco, mezclar el vinagre de Jerez con sal y pimienta al gusto. Agregar la miel y remover hasta que quede completamente disuelta.

Para aplicar el preparado, mojar la rama de romero en la mezcla de miel y vinagre y, a modo de pincel, untar la pieza de carne (pollo, paño de costillas, etc.) directamente en el asador durante la cocción.

Con este sencillo preparado, se logran resultados muy interesantes: se carameliza la carne y se le aportan sabores y aromas extras.

DEL CAMPO

ARROZ

El arroz conforma, junto con el maíz y el trigo, la trilogía de cereales más cultivados del mundo. Pero, así como el trigo fue imprescindible en el desarrollo de los pueblos de Europa y el maíz lo fue en los de América, el arroz fue básico en Asia. Se cree que el origen de este cereal se encuentra en las laderas del Himalaya, en la India, desde donde se extendió por toda Asia. No fue hasta el siglo IV a. C. cuando llegó a Europa occidental, mientras que a América fue llevado por los colonizadores españoles, portugueses y holandeses.

«El arroz combina bien con cualquier ingrediente. Además, resulta tanto como guarnición como ingrediente principal, hidratado con un buen caldo».

VARIEDADES

Largo

Es perfecto para ensaladas. El basmati, originario de Pakistán, es largo, ideal para guisos y salteados. También lo es el carnaroli, proveniente de Italia e indicado para cocciones largas, como risottos. Por otro lado, el jazmín, de Tailandia, presenta un agradable aroma.

Redondo

Tiene más almidón y absorbe mejor los caldos o el agua, por lo que se usa en paellas y risottos. Los más conocidos son el bomba (Delta del Ebro), de Calasparra (Murcia) o de Arborio (Italia), el típico de los risottos.

Integral

Conserva el germen íntegro con la capa de salvado que lo envuelve, lo que le confiere un color moreno claro. Contiene más nutrientes que el blanco.

Salvaje

En realidad, es una semilla acuática de grano oscuro que se emplea como guarnición.

Rojo

Mantiene la cáscara, que le da su característico color.

Venere

De color negro intenso, es un arroz integral que se vuelve púrpura una vez cocido.

Vaporizado

Es una variedad tratada para eliminar el almidón, con lo que se consigue que no se pase.

TAMBIÉN HECHOS CON ARROZ

- Pasta
- Cerveza
- Bebida vegetal
- Vinagre
- Harina
- Sirope
- Arroz hinchado
- Levadura

Fuente de hidratos de carbono

Alto valor nutritivo

Sin gluten

Arroz

Poco calórico

Ideal para deportistas

Trucos Torres

- Se recomienda escoger un arroz de calidad a la hora de elaborar los platos: el resultado lo vale.

- Al cocinar un arroz, no hay que despistarse: a veces, un minuto de más puede echar a perder la textura ideal del grano.

- La calidad del caldo empleado para la cocción del arroz también es de suma importancia para el resultado final.

PAELLA DE ARROZ DE MONTAÑA Y BUTIFARRA NEGRA

Para 4 personas

Este plato está inspirado en la paella tradicional, pero se ha llevado a las tierras de interior, por lo que se utilizan productos cárnicos y del huerto.

750 ml de caldo de cocido (ver pág. 27)

500 g de tomate pera

320 g de arroz bomba

100 g de salchichas de cerdo

100 g de garbanzo cocido (ver pág. 161)

1 patata monalisa

90 g de chalota

60 g de menudillos de pollo (hígados)

20 ml de aceite de oliva suave

1 cucharadita de pimentón ahumado

Sal y pimienta

★ PARA LA MAHONESA DE BUTIFARRA NEGRA

200 ml de aceite de oliva suave

60 g de butifarra negra

1 huevo

Sal y pimienta

Para preparar la mahonesa, retirar la tripa a la butifarra y cortar la carne en trozos pequeños. Poner una sartén al fuego con una gota de aceite de oliva y saltearla, desmigándola con la espátula. A continuación, disponerla en el vaso de la batidora, junto con la grasa que haya soltado, y dejar enfriar. Luego incorporar el huevo y salpimentar. Montar la mahonesa añadiendo el aceite poco a poco hasta obtener una emulsión espesa y untuosa (ver pág. 221). Cubrir con film la mahonesa a contacto (el papel film debe tocar el producto), con el fin de que no se reseque, y reservar en la nevera para que se enfríe y repose.

Pelar y cortar la chalota en *brunoise* (ver pág. 23). Triturar los tomates con la batidora y pasarlos por un chino. Picar los menudillos y cortar las salchichas en trozos. Pelar la patata y cortarla en cubos pequeños; reservarla en remojo para que no se oxide.

Poner una paella al fuego con el aceite de oliva y dorar los menudillos y las salchichas, dejando que se peguen un poco, lo que aportará sabor, pero procurando que no se quemen. Incorporar entonces la chalota y rehogar. Antes de que tome color, apartar la paella del fuego y añadir el pimentón y, seguidamente, el tomate triturado con el fin de detener la cocción del pimentón, lo que evitará que se queme y amargue. Devolver la paella al fuego y cocer el conjunto hasta lograr un sofrito espeso.

En ese momento, agregar el arroz, mezclarlo y sofreírlo para anacararlo. Cuando esté en su punto, comenzar a mojar el arroz con el caldo caliente, poco a poco, dejando que el arroz «sufra» (dejar evaporar todo el líquido antes de añadir más). Transcurridos los primeros 5 min de cocción, incorporar las patatas, repartiéndolas bien por todo el recipiente. Unos 5 min antes de finalizar el plato, añadir los garbanzos cocidos.

Una vez que esté el arroz en su punto (15-20 min de cocción aproximadamente), dejar evaporar bien la última adición de caldo para que el arroz se pegue al fondo de la paella, pero sin que llegue a quemarse. Esto hará que quede el típico *socarrat*, una capa formada por el propio almidón del arroz y el caldo, muy apreciada por su textura y sabor.

Servir el arroz acompañado de la mahonesa de butifarra.

Trucos Torres

- El pimentón ahumado debe ser de calidad. Recomendamos el de la Denominación de Origen Pimentón de La Vera de la provincia de Cáceres. Esta especia se puede sustituir por ñoras o pimientos choriceros en polvo.

- El sofrito que se ha utilizado es fresco, es decir, hecho al momento. El punto de acidez que lo caracteriza es perfecto para los arroces. En cambio, los sofritos preparados con antelación (los de larga duración) no tienen esta peculiaridad, pues se han caramelizado los azúcares de la cebolla (o la chalota) y el tomate. No obstante, también se puede emplear en esta paella de arroz de montaña.

La capa de arroz debe ser fina para conseguir el punto de socarrat deseado.

ARROZ DE JUDIONES Y NABO

Para 4 personas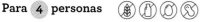

Con esta fórmula, se consigue un arroz caldoso para comer con cuchara.

1,5 l de caldo de cocido (ver pág. 27)
320 g de arroz bomba
200 g de magro de cerdo
1 nabo
150 g de judiones secos
2 rabos de cerdo
1 manita de cerdo partida
1 morcilla de cebolla
½ oreja de cerdo
30 ml de aceite de oliva suave
2 cucharaditas de pimentón dulce de La Vera
Azafrán en hebras
2 ramitas de perejil
Sal y pimienta

Poner los judiones en remojo durante 12 h con abundante agua, teniendo en cuenta que doblarán o triplicarán su tamaño con la hidratación. El día de la receta, colarlos, enjuagarlos bajo el chorro de agua del grifo y reservar.

Quemar al fuego los pelillos de los rabos, la oreja y la manita de cerdo. Poner una cazuela con el aceite de oliva y dorar todas las carnes, excepto la morcilla. Cuando estén listas, agregar el pimentón y verter rápidamente el caldo en frío. A continuación, incorporar los judiones y el nabo, previamente pelado y cortado en cubos de 2 cm de arista.

Cocer el conjunto a fuego suave y con la cazuela tapada durante unas 3,5 h, hasta que las carnes hayan soltado todo su colágeno. Pasado el tiempo, retirar las carnes de la cazuela y reservarlas en una bandeja. En ese momento, agregar a la cazuela con los judiones y el nabo unas hebras de azafrán y salpimentar. Incorporar entonces el arroz y la morcilla entera. Cocer durante 10 min y retirar la morcilla. Proseguir con la cocción del arroz 2 min más.

Mientras se cuece el arroz, cortar las carnes, incluyendo la morcilla, en trozos pequeños, dados o rodajas. Retirar los huesos y las partes más grasas. Disponer un poco de la mezcla de carnes en cada plato hondo y con un cucharón servir una ración de arroz con judiones y nabo. Por último, espolvorear un poco de perejil picado.

Trucos Torres

- Esta receta está basada en el típico *arròs de fesols i naps* que se prepara en la albufera de Valencia. El tradicional incorpora una variedad de alubia llamada *garrofó*, junto con el *nabicol*, un híbrido autóctono entre el nabo y la col, y la *fotja*, una especie de pato salvaje cuya carne da muy buen sabor al caldo. Hemos sustituido el *nabicol* por el nabo, y el caldo de *fotja* por uno de ave.

- El magro de cerdo se refiere a cualquier parte magra del animal: lomo, codillo, aguja... Lo mejor es preguntar en nuestra carnicería de confianza.

- Se calcula un puñado de arroz por comensal en cualquier receta con este cereal como ingrediente principal. Se agrega un puñado extra por si alguien quiere repetir. Si pesas los cinco puñados de arroz que se emplean en este plato, verás que coincide con la cantidad indicada en la lista de ingredientes. ¡No falla!

ARROZ CON LECHE, VAINILLA, CHOCOLATE BLANCO Y COCO

Para 4 personas

500 ml de agua
500 ml de nata líquida 32 % m. g.
500 ml de leche entera
150 ml de leche de coco
100 g de mantequilla
100 g de arroz bomba
50 g de chocolate blanco (troceado o en perlas)
3 cucharadas de miel
La piel de ½ naranja
1 vaina de vainilla

Poner una cazuela al fuego con el agua y el arroz. Llevar a ebullición y cocer hasta que el agua se haya consumido parcialmente, pero el arroz aún esté caldoso.

Mientras tanto, poner la nata líquida junto con la leche en un cazo al fuego. Abrir la vaina de vainilla, raspar la pulpa con un cuchillo y añadirla al cazo. Agregar la piel de naranja, que se habrá extraído con un pelador, evitando la parte blanca, que amargaría la infusión. Cuando arranque el hervor, retirar del fuego y dejar en reposo para que se infusione.

Colar la infusión y agregarla al arroz. Proseguir con la cocción unos 20 min sin dejar de remover hasta que el grano de arroz esté bien cocido. Una vez pasado el tiempo y el arroz esté en su punto, añadir la miel, removiendo para que se incorpore bien; luego, agregar la mantequilla y, posteriormente, el chocolate blanco. Remover de nuevo e incorporar por último la leche de coco.

Enfriar a temperatura ambiente y reservar en la nevera durante unas 2 h para que el arroz con leche de coco se asiente del todo.

Trucos Torres

- En comparación con las demás recetas de arroz con leche, en nuestra propuesta el arroz se cuece primero en agua. De esta manera, se consigue abrir el poro del grano y se evita con ello saturarlo de grasa, como ocurre si se cuece directamente con leche.

- Se ha añadido la miel al final para evitar cocerla en exceso y que con ello pierda sus nutrientes.

«Nos gustan los postres con el punto justo de dulzor, aunque, si se desea, se puede añadir un poco más de miel. En líneas generales, en el norte de Europa gustan los postres menos dulces».

GARBANZO

Se cree que los garbanzos formaban parte del grupo de especies con las que se fundó la agricultura en el Neolítico en las regiones de Mesopotamia y Egipto. Según algunos historiadores, los cartagineses fueron quienes los introdujeron en España entre los siglos V y III a.C. El historiador romano Tito Livio cita, por ejemplo, que los soldados lo cultivaban mientras se construía la ciudad de Cartagena. El garbanzo tiene un alto valor nutritivo, principalmente aporta proteínas, calcio, hierro y vitaminas. Se comercializa mayoritariamente seco, aunque fresco también resulta delicioso.

«Aconsejamos cocer los garbanzos durante el fin de semana, así ya estarán listos para cocinar un guiso los días de diario».

CÓMO COCER LOS GARBANZOS

Para 1 kg de garbanzo cocido

400-500 g de garbanzos secos (dependiendo de
la variedad, pueden absorber más o menos agua)
1 hoja de laurel
1 cabeza de ajo
6 bayas de pimienta
Sal

Poner los garbanzos en remojo durante 12 h como mínimo a temperatura ambiente en un lugar fresco. Deben quedar completamente cubiertos de agua, teniendo en cuenta que al hidratarse doblarán o, incluso, triplicarán su tamaño. Se puede emplear tanto agua embotellada como agua corriente, aunque en este último caso solo si se trata de un agua baja en cal. Por norma general, las aguas de la costa son más duras —contienen más cal— que las del interior. Pasado el tiempo de remojo, escurrirlos y pasarlos bajo el chorro de agua del grifo.

Poner una olla al fuego con abundante agua (los garbanzos deben quedar cubiertos por unos 4 cm de líquido una vez en la olla) y agregar el laurel, las bayas de pimienta y la cabeza de ajo cortada por la mitad horizontalmente. Llevar a ebullición y, en ese momento, incorporar los garbanzos. Comenzar la cocción con el fuego vivo durante los 10 primeros minutos. Después, bajar el fuego y cocer lentamente durante 1,5-2 h, en función del tipo de garbanzo. Si durante la cocción hay que añadir líquido, porque este se ha evaporado y los garbanzos ya no quedan cubiertos, agregar agua hirviendo, nunca fría, pues eso cortaría la cocción y el resultado no sería el esperado.

Cuando queden 20 min aproximadamente para que concluya la cocción, agregar la sal. Una vez cocidos, retirar la olla del fuego y dejar que se enfríen en la misma olla y a temperatura ambiente. Cuando estén fríos, colarlos si se van a utilizar en el momento. De lo contrario, conservarlos en el agua, pero guardados en la nevera hasta que se empleen.

*Antes de cocerlos, hay que
poner los garbanzos en remojo
durante 12 h como mínimo.*

Trucos Torres

- Los garbanzos también se pueden cocer en una olla a presión. Entonces el tiempo de cocción disminuirá mucho: estarán listos en tan solo 15-25 min, en función de la variedad de garbanzo y de la dureza del agua que se haya empleado.

- Hay quien añade una cucharadita de bicarbonato en el agua del remojo de los garbanzos, lo que disminuye el tiempo de remojo de 12 a 8 h, aproximadamente. Pero, si nos pasamos en la cantidad, se puede conseguir el efecto contrario: esta legumbre quedará dura una vez cocida.

- Para acelerar la cocción de los garbanzos, se pueden escaldar antes de cocerlos, pero, sin duda, la mejor forma es la que se explica en la receta: un buen remojo y una cocción que, partiendo de agua hirviendo, sea lenta.

DÚO CON GARBANZOS

Os proponemos dos recetas con el garbanzo como protagonista con resultados bien diferentes. La base de verduras es la misma, pero en una se emplean los garbanzos cocidos —en la hamburguesa— y en la otra remojados —en los crujientes—. Además os sugerimos una deliciosa salsa como acompañamiento.

Salsa agria de yogur y hierbas frescas (ver pág. 164)

Unos rabanitos, unas rodajas de pepino o una loncha de queso combinan a la perfección.

La hamburguesa de garbanzos también se puede comer en un panecillo.

HAMBURGUESA DE GARBANZOS CON VERDURAS

Para 4 personas (30-40 piezas)

400 g de garbanzos
cocidos (ver pág. 161)

Para la base de verduras
½ cebolla tierna
½ puerro
½ zanahoria
½ lima
40 g de queso fresco
2 cucharadas de aceite
de oliva suave
1 diente de ajo
½ cucharadita de comino
Cilantro
Sal y pimienta

Para el rebozado
250 g de copos de avena

Para acompañar
2 tomates de colgar
1 lechuga francesa
1 cebolla tierna

Pelar y picar en *brunoise* la cebolla, el puerro, la zanahoria y el ajo. Preparar las verduras para acompañar: lavar la lechuga en un bol con agua y hielo, colar y centrifugar; lavar los tomates y cortarlos en rodajas; pelar la cebolla tierna, cortarla en aros y dejar en remojo en agua.

Disponer los garbanzos, escurridos, en un cuenco y aplastarlos con un tenedor. Poner una sartén al fuego con 1 cucharada del aceite de oliva y rehogar la cebolla con el ajo. Cuando estén pochados, incorporar el puerro y la zanahoria, y proseguir con la cocción durante unos minutos más.

Incorporar las verduras al cuenco de los garbanzos, junto con el queso fresco. Mezclar y agregar el comino, unas gotas de zumo de lima y cilantro picado al gusto. Mezclar hasta que todos los ingredientes queden integrados y, con la ayuda de las manos, formar las hamburguesas.

Rebozarlas con los copos de avena. Poner una sartén al fuego con el resto del aceite de oliva y dorar las hamburguesas por los dos lados, hasta que los copos de avena queden con un color tostado y crujientes.

Servir las hamburguesas de garbanzos con unas hojas de lechuga, unas rodajas de tomate y unos aros de cebolla.

Trucos Torres

- Se puede dar forma a las hamburguesas con las manos o poniendo una cantidad de masa de garbanzos entre dos trozos de papel film presionándola hasta conseguir el grosor deseado. Además de evitar ensuciarnos las manos, la comida no se manipula directamente, por lo que se elude el riesgo de contaminaciones bacterianas.

- Se pueden incorporar otras verduras a la masa base de garbanzos: espárragos verdes, ajetes o setas. También admite otros ingredientes, como frutos secos o especias (coriandro, nuez moscada o curri).

- Además del acompañamiento de lechuga, tomate y cebolla tierna, estas hamburguesas quedan deliciosas con aros de cebolla fritos, alcaparras, pepinillos o aceitunas.

- El queso fresco aporta cremosidad a la masa de garbanzos, pero se puede prescindir de él. La masa resulta entonces más quebradiza y seca.

 En el mercado existe una buena variedad de quesos frescos sin lactosa, ideales para comensales que sufren intolerancia a este azúcar de la leche.

CRUJIENTES DE GARBANZOS Y VERDURAS

Para 4 personas (30-40 piezas)

150 g de garbanzos secos

Para la base de verduras (ver pág. 163)

Para la fritura
400 ml de aceite de oliva suave

Poner en remojo los garbanzos en abundante agua durante 12 h y en un lugar fresco fuera de la nevera.

El día de la elaboración de la receta, preparar y pochar las verduras como se indica en la receta de la pág. 163.

Escurrir los garbanzos y lavarlos bajo el chorro de agua del grifo. Triturarlos con la batidora, disponerlos en un cuenco y agregar las verduras reservadas, el queso fresco, el comino, la sal, la pimienta, el cilantro al gusto y unas gotas de zumo de lima. Triturar el conjunto para homogeneizar la mezcla, hasta que la masa resultante tenga una textura compacta y se pueda trabajar. Elaborar con ella croquetas de la forma que más guste: bolitas, buñuelos, la típica de las croquetas, etc.

Calentar el aceite de oliva suave en una paella hasta que esté bien caliente. Freír los crujientes hasta que estén dorados y dejar reposar sobre papel de cocina para que suelten el exceso de grasa.

Trucos Torres

- A la masa de los crujientes, se le puede añadir una cucharadita de harina justo después de saltear las verduras para que tenga más cuerpo. Tostarla un poco y proceder como sigue la receta.

- Estos crujientes de garbanzos pueden acompañarse con una gran variedad de salsas: mahonesa (ver pág. 221), salsa de tomate (ver pág. 66) o de queso, por ejemplo.

SALSA AGRIA DE YOGUR Y HIERBAS FRESCAS

Unos 150 ml

1 yogur natural
20 g de pepino
1 ramita de eneldo
8 hojas de menta
La ralladura de ½ lima
Sal y pimienta

Lavar el eneldo y las hojas de menta, y picarlos. Pelar el pepino y cortarlo en *brunoise* (ver pág. 23).

Disponer el yogur en un cuenco, y agregar el pepino y las hierbas. Salpimentar y añadir la ralladura de lima. Mezclar bien hasta que todos los ingredientes queden integrados, y servir.

Trucos Torres

- Esta salsa, al ser muy fresca, combina con multitud de ensaladas y es ideal para acompañar salmón ahumado o marinado.

- Para lograr un toque distinto, se puede sustituir el eneldo o la menta por otras hierbas como, por ejemplo, cebollino picado o perifollo. El resultado es totalmente distinto. De la misma forma, el pepino se puede cambiar por pepinillos en vinagre o alcaparras con el fin de aumentar la acidez de la salsa.

Salsa agria de yogur
y hierbas frescas

QUINOA

Junto con la patata, la quinoa ha sido tradicionalmente uno de los principales alimentos de los pueblos andinos. En realidad, no es un cereal, porque la también llamada «quinua» es la semilla de una planta no gramínea de la familia de las quenopodiáceas, aunque comparten muchas virtudes nutricionales y usos en la cocina. Tiene un sabor similar al del arroz integral, pero su textura es más fina. Actualmente, se comercializan una gran variedad de productos elaborados con quinoa, que no contiene gluten, como galletas, barritas, pasta, papillas, etc.

«Antes de cocerla, la quinoa se tiene que lavar. Después, se puede tostar ligeramente en una sartén con un poco de aceite de oliva, con lo que se consiguen un color y un sabor más intensos».

VARIEDADES

Existen miles de variedades de quinoa, aunque las más apreciadas en el mercado son las variedades blancas y de grano grande, como la **quinoa real**, de gran tamaño, color uniforme y delicado sabor. Esta semilla se clasifica según su forma (cónica, más aplanada, esférica, lenticular, etc.), el color (diferentes tonos de blanco, amarillo, naranja, marrón, púrpura o negro —esta última rica en litio, un potente antidepresivo—) y el tamaño.

CÓMO SE CUECE

Para cocinar quinoa, seguir estos pasos:

1 Antes de su cocción, es conveniente lavar las semillas con agua hasta que esta salga limpia y clara, porque la quinoa tiene una capa de saponina, un residuo natural de sabor amargo. Normalmente, la comercializada ya está prelavada, pero se aconseja igualmente.

2 Hay que llevarla a ebullición partiendo de un agua templada en una cazuela con sal. La proporción es el doble de agua que de quinoa.

3 Estará cocida cuando su grano se abra, al cabo de unos 15 min. Hay que dejarla reposar en un cuenco durante 5 min y mezclar con un tenedor.

Trucos Torres

▪ Se emplea y se cocina como el arroz, salteada con verduras, en sopas y ensaladas. También resulta una buena opción para elaborar hamburguesas vegetales.

▪ Es un excelente «cereal» para desayunos sanos.

▪ Nunca hay que guardarla cocida acompañada de vegetales, ya que estos fermentan antes que el cereal.

▪ En el mercado puede encontrarse harina de quinoa, ideal para preparar tartas o panes para las personas que sufren trastornos relacionados con el gluten.

Alto nivel de proteínas

Apta para celíacos

QUINOA

Rica en fibras

Contiene 8 aminoácidos esenciales

Saciante

ENSALADA DE QUINOA, SALMÓN MARINADO Y ENELDO CON VINAGRETA DE POMELO Y JENGIBRE

Para 4 personas

400 ml de agua
200 g de quinoa
4 tomates de rama
1 lechuga francesa
1 manzana ácida
½ pepino
½ lima
El verde de 2 cebollas
   tiernas y sal

⭐ PARA EL SALMÓN MARINADO

500 g de lomo de salmón
1 kg de sal
500 g de azúcar
La ralladura de 1 lima
1 cucharada de cinco
   pimientas en grano
Eneldo fresco

⭐ PARA LA VINAGRETA DE POMELO Y JENGIBRE

80 ml de aceite de oliva
   virgen extra
10 ml de vinagre de
   manzana
El zumo de ½ pomelo
Eneldo fresco
Jengibre fresco
Pimienta

Limpiar la pieza de salmón de las posibles espinas que pudiera tener retirándolas con unas pinzas. Para preparar el marinado: en un cuenco mezclar la sal, el azúcar, la ralladura de lima, la pimienta y eneldo picado al gusto. Disponer una cama del marinado en una bandeja y colocar encima el salmón. Cubrir con el resto del marinado. Introducir la bandeja en la nevera entre 8 y 12 h, en función del grosor del lomo de salmón.

Transcurrido el tiempo, retirar el salmón de la nevera y quitar el marinado con las manos. Lavar el salmón bajo el chorro de agua del grifo con cuidado de que no se quiebre y se abra la carne. Con un paño limpio, secar el lomo y reservarlo en la nevera cubierto con papel film, para que no se reseque, hasta el momento de usarlo.

Para cocer la quinoa, lavar esta bajo el chorro de agua del grifo hasta que el agua salga clara y sin espuma. Poner un cazo al fuego con el agua y llevar a ebullición. En este momento agregar sal y la quinoa, y cocer durante 15 min. Retirar el cazo del fuego y dejar que repose con el cazo tapado 5 min más. Remover con un tenedor, pasar a un cuenco y reservar hasta que se enfríe por completo.

Pelar y cortar la manzana y el pepino en dados regulares de 0,5 cm de arista. Lavar y cortar el tomate de la misma manera. Pelar y cortar la cebolla en aros. Incorporar estas verduras al cuenco de la quinoa, mezclar e introducirlo en la nevera para que se enfríe.

Para preparar la vinagreta, picar primero el eneldo al gusto y disponerlo en un cuenco. Agregar el vinagre, el zumo de pomelo, la ralladura de lima, el jengibre rallado y la pimienta. Mezclar e incorporar el aceite sin dejar de remover para que la vinagreta quede bien emulsionada.

Retirar el salmón de la nevera y cortarlo en lonchas finas empezando por la cola y a contraveta, es decir, en perpendicular a la fibra del salmón. Limpiar la lechuga francesa sumergiendo las hojas en un baño de agua con hielo, colar y centrifugar. Aliñar ligeramente la quinoa con la vinagreta.

Para montar el plato, disponer en la base unas hojas de lechuga en círculo y una capa de lonchas de salmón. Repetir la operación y colocar encima una porción de ensalada de quinoa aliñada. Servir acompañado aparte con el resto de la vinagreta.

Trucos Torres

- La mezcla de cinco pimientas incluye pimienta roja, blanca, verde, negra y de Jamaica. Se puede emplear cualquiera de ellas por separado.

- Se puede utilizar tanto el pomelo rosa como el amarillo, un poco más ácido; es cuestión de gustos.

- El tiempo de marinado depende del gusto de cada uno. Hay quien con 4 h ya tiene suficiente y hay quien lo deja más de 12 h. El intervalo que nosotros proponemos es ideal para lograr un pescado al gusto de la mayoría de los comensales, tanto en cuanto a la textura como al sabor y el punto de cocción. Si se deja más tiempo, hay que tener en cuenta que aumenta el punto de sal.

ENSALADA DE QUINOA CON CALAMAR DE POTERA, PIPARRAS Y PIQUILLOS

Para 4 personas

700 ml de agua
350 g de quinoa
150 g de pimientos del piquillo en conserva
2 calamares de potera
8 piparras (guindillas vascas) encurtidas
La ralladura de ½ lima
Aceite de oliva suave
Cebollino
Sal y pimienta

⭐ **PARA LA VINAGRETA**
100 ml de aceite de oliva virgen extra
25 ml de vinagre de Jerez
2 cucharadas del jugo de los piquillos en conserva
Sal y pimienta

Lavar la quinoa bajo el chorro de agua del grifo hasta que el agua salga limpia y no haya espuma. Poner al fuego una cazuela con un chorro de aceite de oliva y nacarar ligeramente la quinoa. Verter, entonces, el agua caliente y cocer durante 15 min con la cazuela tapada. Pasado el tiempo, retirar la cazuela del fuego y dejar reposar con la tapa puesta durante 5 min. Remover la quinoa con un tenedor y pasarla a un cuenco. Enfriar a temperatura ambiente.

Escurrir los pimientos del piquillo (reservar el jugo de la conserva) y cortarlos en dados pequeños. Cortar las piparras en rodajas finas. Limpiar los calamares: retirar las vísceras y la boca de las patas, abrirlos y lavarlos con agua fría. Con ayuda de un cuchillo afilado, cortar el cuerpo de los calamares en juliana.

Poner una sartén al fuego y, cuando esté muy caliente, verter unas gotas de aceite de oliva y saltear el calamar hasta que se rice ligeramente. Salpimentar y retirar del fuego.

Incorporar el calamar al cuenco de la quinoa, así como el piquillo, la ralladura de lima y las piparras. Picar la cantidad de cebollino que se desee y agregarlo. Remover bien.

Para preparar la vinagreta, verter en un cuenco el aceite de oliva, el vinagre y el jugo de conserva de los piquillos, y salpimentar al gusto. Emulsionar y aliñar la ensalada justo antes de servir.

Trucos Torres

■ Esta ensalada es ideal tanto fría como caliente, aunque la primera opción, la que proponemos, resulta más original.

■ La piparra es un tipo de guindilla encurtida típica de Ibarra (Guipúzcoa), cuya peculiaridad es que casi no pica. Se puede sustituir por otro tipo de guindilla en vinagre, aunque, en este caso, la ensalada tendrá un punto más picante.

Piparras

El calamar debe cocerse el tiempo justo para que resulte tierno y mantenga su textura mantecosa. Si nos pasamos, quedará duro y seco.

ALBÓNDIGAS DE QUINOA CON VERDURAS

Para **4** personas

Para las albóndigas

700 ml de caldo de cocido (ver pág. 27)

350 g de quinoa

300 ml de aceite de oliva suave

1 huevo

2 cucharadas de pan rallado

2 cucharadas de salsa de soja

½ limón

1 diente de ajo

1 ramita de perejil

Sal y pimienta

Para las verduras

3 tomates de rama

2 calabacines

2 pimientos rojos

2 pimientos verdes

2 cebollas medianas

100 ml de caldo de cocido (ver pág. 27)

30 ml de aceite de oliva suave

1 cucharadita de miel

1 diente de ajo

1 ramita de tomillo

Sal y pimienta

Para preparar las verduras, pelar los pimientos con la ayuda de un pelador, retirarles las pepitas y cortarlos en dados de 1 cm de arista. Pelar las cebollas y cortarlas de la misma manera. Lavar los calabacines y picarlos finamente. Triturar los tomates con la batidora y pasarlos por el chino. Pelar y picar el ajo.

Poner una cazuela al fuego con el aceite y agregar el ajo, y antes de que tome color, incorporar la rama de tomillo y la cebolla. Proseguir con la cocción a fuego suave unos 20 min o hasta que la cebolla quede transparente. En ese momento, añadir los pimientos y cocer removiendo de vez en cuando hasta que queden blandos. A continuación, agregar el calabacín y proseguir con la cocción hasta que esté ligeramente pochado. Seguidamente, incorporar el tomate triturado y la miel, y cocer el conjunto hasta que se haya evaporado el agua del tomate y se haya obtenido un sofrito consistente.

Para elaborar las albóndigas, lavar la quinoa disponiéndola en un colador de malla fina bajo el chorro de agua del grifo hasta que el agua deje de salir blanquecina. Escurrir bien. Poner una cazuela al fuego con el aceite y nacararla. En este momento, verter el caldo hirviendo (reservar un poco), tapar la cazuela y cocer la quinoa a fuego suave durante 15 min. Pasado el tiempo, retirar del fuego y dejar reposar durante 5 min más con la cazuela tapada. Enfriar a temperatura ambiente.

A continuación, pasar la quinoa a un cuenco. Picar el ajo y el perejil, y añadirlo. Incorporar el pan rallado, la salsa de soja, el zumo de lima, la mitad del huevo, previamente batido, y salpimentar. Mezclar bien con las manos hasta que se obtenga una masa que se pueda manipular fácilmente. Si quedara demasiado espesa, agregar más huevo; si, por el contrario, resultara demasiado ligera, incorporar más pan rallado. Dar forma a las albóndigas con las manos, apretándolas bien para queden compactas. Enharinarlas ligeramente y freírlas en una sartén con el aceite. Dejar que reposen unos minutos para que se asienten.

En este momento, añadir las albóndigas a la cazuela de las verduras, verter el caldo reservado y calentar durante un par de minutos para que las albóndigas se integren bien en el sofrito. Retirar del fuego y servir de inmediato.

Trucos Torres

▪ Para un resultado ideal, el pan rallado debe agregarse poco a poco hasta conseguir la textura deseada. Las albóndigas tienen que quedar jugosas, pero que no se deshagan al freírlas, y eso se consigue con la cantidad que se indica en la lista de ingredientes.

▪ En esta receta la masa de albóndigas se ha aliñado a la manera tradicional, con ajo y perejil. No obstante, se pueden emplear muchos otros ingredientes: desde unas verduras cortadas muy finas y previamente salteadas (como en la hamburguesa o los crujientes de garbanzo, ver pág. 163) a jengibre o hierbas como cebollino, cilantro o perifollo e, incluso, especias (nuez moscada, curri o pimentón).

ALUBIAS

Las alubias son las semillas que contienen las vainas que crecen en las plantas leguminosas del género *Phaseolus*, principalmente. El cultivo de las alubias, también llamadas judías secas, habichuelas o frijoles, es uno de los más antiguos: se inició entre los años 9000 y 5000 a. C. en diferentes partes del mundo. Se pueden encontrar frescas, aunque se comercializan mayoritariamente secas.

«Aunque por lo general se emplean las alubias secas, en fresco resultan excepcionales. Son tiernas y cremosas, y además se cuecen en la mitad de tiempo»

VARIEDADES

BLANCAS

Judión

De tamaño grande y aplanada, esta alubia es generalmente blanca, aunque también puede ser negra o jaspeada. Los judiones más conocidos son los de El Barco (Ávila) y La Granja (Segovia). Muy parecido es el *garrofó* valenciano, imprescindible en las paellas.

Blanca redonda

Destaca la cultivada en la zona de La Bañeza (León), donde también se llama blanca de manteca. Otra variedad blanca de forma redonda es la arrocina.

Blanca riñón

Es de tamaño medio, color blanco y tiene una característica forma de riñón. La *fabe* asturiana es similar, pero más recta y ligeramente aplanada. Mantecosa y suave una vez cocida, es imprescindible en la fabada.

Trucos Torres

- Las alubias secas de calidad deben consumirse antes del primer año de recolección. Tienen la piel lisa, tersa, brillante y sin arrugas.

- Son ideales para guisos y estofados, ya que absorben bien los sabores de otros ingredientes.

- Antes de cocerlas, hay que dejarlas en remojo 12 h en agua fría. Pasado el tiempo, enjuagarlas y meterlas en una olla con un volumen de agua fría tres veces superior al de las alubias. Llevar a ebullición con el fuego vivo. Hervir durante unos 5 min y quitar las impurezas con una espumadera.

- Para conseguir unas alubias tiernas y que no se despellejen, hay que añadir agua fría —o directamente cambiarla toda— tras el primer hervor. Cocinarlas a fuego lento, entre 1 y 2,5 h, dependiendo de la dureza del agua (ver pág. 161). Salarlas justo al final de la cocción para evitar que la piel quede dura.

- Para disminuir la producción de gases que provoca la ingesta de estas legumbres, es importante no cocinarlas con el agua del remojo, que contiene azúcares, y lavarlas bien.

Del *ganxet*

Blanca y muy arriñonada, presenta un «gancho» característico en uno de sus extremos. Esta alubia autóctona de Cataluña destaca, junto con los *fesols* de Santa Pau, por su finura y cremosidad.

DE COLOR

Canela

Es de tamaño mediano, de color canela y de forma ovalada.

Carilla

Presenta un grano pequeño, es de color crema con una característica mancha negra. Recibe diferentes nombres según la región, como *fesolet*, chíchare, frijuelo, muñeco con chaleco, alubia ojo de perdiz...

Amarilla

También llamada canaria o peón, es redonda, pequeña y de un color amarillo pálido. Es ideal para los estofados de alubias.

Verdina

Es pequeña, alargada y plana, de un tono verde claro. Las habinas verdinas se cocinan tradicionalmente con marisco, sobre todo, en Galicia y Asturias.

Moradas

Las hay de diversas formas y tonalidades. Destacan la de Gernika, de color entre rojo y granate, de tamaño mediano y forma ovalada; la tolosana roja o de Ibeas, lisa y de color Burdeos; o la roja de El Barco de Ávila.

Caparrón

Tiene el grano mitad blanco, mitad morado. Se consume principalmente en Castilla y La Rioja, y es el ingrediente fundamental de la olla podrida.

Pinta de León

Es redonda, bastante grande y de color rosáceo con rayas y manchas granates. Se cultiva en la zona de La Bañeza (León). Parecida es la pinta larga, también llamada machote o fréjol madrileño; la tolosana palmeña, de color vinoso jaspeado; y la pinta alavesa.

Negra de Tolosa

De color negro brillante y ovalada, es muy mantecosa una vez cocinada.

CREMA DE ALUBIAS CON PULPITOS DE COSTA

Para 4 personas

400 g de pulpitos de costa
Aceite de oliva suave
Sal y pimienta
Flor de sal

Para la crema
1 l de fumet de pescado
  (ver pág. 27)
300 g de alubia blanca
  riñón seca
150 g de cebolla
½ cabeza de ajo
20 ml de aceite de oliva
  suave
1 ramita de tomillo
Sal y pimienta

Para aliñar la crema
50 ml de nata líquida
30 ml de aceite de oliva
  virgen extra
10 ml de vinagre de
  Módena blanco
Sal y pimienta

⭐ **PARA EL ACEITE DE PIMENTÓN**
1 cucharada de pimentón
  dulce
50 ml de aceite de oliva
  virgen extra

El día anterior a preparar la receta disponer las alubias en un bol cubiertas con agua del tiempo, al menos hasta 5 cm por encima de las legumbres. Hay que tener en cuenta que las alubias triplicarán su volumen durante el remojo.

En una cazuela con un poco de aceite de oliva, dorar la media cabeza de ajo, que se habrá cortado en horizontal. Cuando esté dorado, agregar la cebolla cortada en *mirepoix* (ver pág. 23) y el tomillo. Rehogar a fuego suave sin que coja color y seguidamente incorporar las alubias, previamente lavadas y escurridas. Verter el fumet hasta cubrir las alubias y cocerlas a fuego suave hasta que estén tiernas, entre 1 y 2,5 h (el tiempo varía en función de la dureza del agua). Si fuera necesario, agregar más fumet durante la cocción.

Pasado el tiempo, retirar la media cabeza de ajo y la rama de tomillo. Pasar las alubias al vaso de la batidora y triturar hasta lograr una crema fina y untuosa, agregando más fumet si fuera necesario. Incorporar la nata, el aceite de oliva y el vinagre, y salpimentar. Triturar un poco más y reservar caliente.

Para preparar el aceite de pimentón, disponer en un cazo el aceite y agregar el pimentón. Calentar levemente, retirar del fuego y dejar reposar durante unos minutos antes de pasarlo por una estameña, con lo que se obtendrá un aceite transparente, pero de un color rojo intenso. Reservar.

Limpiar los pulpitos: retirar la boca, localizada debajo de las patas, y separar la cabeza de las patas. Poner una olla al fuego con abundante agua y sal, y agregar los pulpitos limpios. Cocer durante 12 min y extraerlos del agua con una espumadera tipo araña.

Poner una sartén al fuego con un chorro de aceite de oliva suave y saltear los pulpitos. Una vez que tomen un poco de color, salpimentar y reservar.

Disponer la crema de alubias en un plato sopero y en el centro, colocar los pulpitos, alternando patas y cabezas. Rociar con un cordón de aceite al pimentón y espolvorear unos cristales de flor de sal.

Trucos Torres

- En la receta se ha empleado la alubia blanca riñón (la más común), pero se pueden usar también pochas frescas, por ejemplo, con las que se consigue un sabor totalmente distinto. Además, precisan de un menor tiempo de cocción, apenas 25-30 min.

- Si no se dispone de vinagre de Módena blanco, se puede sustituir por otro vinagre blanco, bien sea de manzana o de vino.

- Las alubias también se pueden dejar sin triturar, igualmente acompañadas por los pulpitos. Se consigue un plato también rico y sano, perfecto para preparar entre semana, pues se trata de una receta económica, aunque, eso sí, con un toque diferente.

- Esta crema es una manera alternativa y divertida de comer legumbres. No todo tienen que ser potajes de pueblo o ensaladas cuando se habla de estos ingredientes tan necesarios para nuestro organismo.

También se puede cocinar con pulpo grande. En este caso, además de quitarle la boca, se le extraen las vísceras.

El fumet se puede sustituir por caldo de cocido y el pulpo, por un poco de panceta o setas salteadas, o un huevo poché.

ENSALADA DE VERDINAS CON CREMA DE LECHUGA Y APIO

Para **4** **personas**

Para las alubias verdinas

300 g de judías verdinas
   secas
1 cebolla
1 cabeza de ajo
1 hoja de laurel

Para la ensalada

2 tomates de rama
1 pimiento rojo pequeño
1 pimiento verde pequeño
1 pepino
½ cebolla tierna
10-12 aceitunas negras de
   Aragón (sin hueso)
2 ramitas de perejil

Aceite de oliva
   virgen extra
Vinagre de Jerez
Sal y pimienta

Para la crema de
lechuga y apio

500 ml de fumet de
   pescado (ver pág. 27)
   o de caldo de verduras
   (ver pág. 26)
2 lechugas francesas
2 ramas de apio
1 cebolla tierna
½ lima

Poner las alubias en remojo 12 h antes de preparar la receta en abundante agua (las legumbres van a aumentar hasta tres veces su tamaño durante el proceso).

El día que se vaya a preparar el plato, escurrirlas y lavarlas bajo el chorro de agua del grifo. Disponer una olla al fuego y echar las alubias. Seguidamente, cubrirlas con agua fría y agregar la cebolla pelada, la cabeza de ajo partida por la mitad y el laurel. Cocer a fuego suave durante 1,5 h aproximadamente (ver Trucos Torres) o hasta que las alubias estén tiernas y cremosas. Una vez pasado el tiempo, escurrir y dejar enfriar.

Para preparar la crema de lechuga y apio, pelar la cebolla y cortarla en juliana. Cortar el apio a modo de bresa y las lechugas en juliana, previamente lavados y secados. Poner una cazuela al fuego con un chorro de aceite y pochar la cebolla. Cuando esté transparente, agregar el apio y proseguir con la cocción en blanco —sin que tome color— hasta que las verduras estén pochadas. En ese momento, verter el caldo y cocer durante 15 min a fuego suave hasta que las verduras estén cocidas. A continuación, incorporar la lechuga y cocer 2 min. Retirar la cazuela del fuego y triturar con la batidora hasta obtener una crema fina y homogénea. Salpimentar y añadir unas gotas de zumo de lima y un buen chorro de aceite de oliva virgen extra; triturar de nuevo y pasar

por un colador fino para eliminar las fibras de la lechuga y del apio. Enfriar la sopa resultante en la nevera.

Pelar el pimiento con un pelador y despepitarlo. Pelar también la cebolla y el pepino, y cortar todo en dados pequeños de 1 cm de arista. Escaldar los tomates en agua hirviendo durante 8 s y enfriarlos en un baño de agua con hielo. Pelarlos, despepitarlos y cortarlos en dados de 1 cm de arista. Incorporar todos estos ingredientes a las alubias. Agregar el perejil picado y las olivas cortadas en rodajas. Aliñar con aceite de oliva, sal, pimienta y vinagre de Jerez. Remover bien.

Con la ayuda de un aro de acero inoxidable, disponer la ensalada en un plato sopero. En el momento de servir, retirarlo y cubrir el fondo del plato con la crema de lechuga y apio. Finalmente, decorar con un cordón de aceite de oliva virgen extra.

Trucos Torres

- El tiempo de cocción de las alubias depende de la dureza del agua. Puede tardar entre 1 y 2 h aproximadamente. Para saber si están cocidas, probarlas transcurrida 1 h y, en función del grado de cocción, calcular el tiempo restante.

- La cocción de las judías debe iniciarse con agua fría (es la única legumbre que no se puede cocer partiendo de agua hirviendo), pues de lo contrario no quedará tierna. Cuando rompa el hervor, cocer suavemente: si el fuego es muy fuerte, las alubias se romperán, por lo que el resultado será un puré de alubias. En cuanto a la sal, hay añadirla siempre al final, pues si se hace al principio tapona el poro de la alubia y le impide hidratarse correctamente.

- La crema de lechuga y apio de la receta se puede consumir tanto fría como caliente. Una opción es incorporar un poco de nata líquida o queso de untar, con lo que la crema queda aún más ligada y con un punto de cremosidad y acidez muy interesantes.

JUDIÓN DE ÁVILA EMBARRADO

Para (4) personas

350 g de judión de Ávila
1 hueso de jamón ibérico
½ cabeza de ajo
Sal y pimienta

Para el embarrado
200 g de harina
100 ml de agua
1 huevo
1 cucharada sopera de
   tomillo o romero secos

Para el refrito
2 chorizos ahumados
150 g de panceta en
   adobo
1 hoja de laurel
1 cebolla
½ cabeza de ajo
1 cucharadita de
   pimentón de La Vera
Aceite de oliva suave

Poner los judiones en remojo durante 12 h en un recipiente con abundante agua.

Al día siguiente, escurrirlos y lavarlos bajo el chorro de agua del grifo. Disponer una olla al fuego y echar los judiones. Seguidamente, cubrirlos con agua fría y agregar el hueso de jamón y los dientes de ajo enteros y pelados. Calentar a fuego medio hasta que el agua hierva y en ese momento agregar un cazo de agua fría para «asustar» a los judiones. Cuando vuelva a alcanzar el punto de ebullición, bajar el fuego y cocerlos tapados durante 1-1,5 h aproximadamente.

Precalentar el horno a 200 °C.

Para preparar el embarrado, mezclar la harina con el agua y las hierbas secas amasando hasta que la masa no se pegue en las manos. Envolver esta con un trapo de algodón y dejar reposar 30 min.

Para el refrito, cortar el chorizo en rodajas y la panceta en dados. Pelar la cebolla y los ajos, y cortar en *brunoise* (ver pág. 23). Poner una sartén al fuego con un poco de aceite de oliva y dorar las carnes hasta que hayan soltado toda la grasa. En ese momento, agregar la cebolla y los ajos, y pochar. Cuando la cebolla esté confitada, retirar la sartén del fuego y añadir el pimentón. Remover e incorporar el refrito a los judiones. Salpimentar.

Tapar la olla de los judiones y elaborar un churro con la masa del embarrado, como si de plastilina se tratara. Tiene que ser de la misma longitud que el perímetro del contorno de la olla. Pegar la tira en la tapa y sellar con ella la cazuela. Pintar la masa con el huevo batido con ayuda de un pincel y hornear la olla durante 25 min. Transcurrido el tiempo, retirar del horno y dejar reposar 15 min más.

Para servir, en la mesa romper el pan que sella la olla y acompañar el plato de judiones con este pan.

Trucos Torres

- Una vez transcurrida la primera hora de cocción de los judiones, probarlos, ya que pueden precisar entre 30 min o 1 h más, dependiendo de la dureza del agua que se emplee (ver pág. 161).

- Esta receta, como todas las de puchero, resulta más rica si se consume al día siguiente de su elaboración. Así que, una vez retirada del horno, se puede reservar sin destapar la olla ni romper la masa de pan hasta que se vaya a consumir.

Si el plato se ha preparado horas antes, cuando se quiera servir, solo hay que darle un golpe de horno: 15 min a 200 °C es suficiente.

TRIGO

El trigo es originario de Oriente Medio: se han encontrado restos de este cereal en Irak que datan de 6700 a. C. A lo largo de la historia, el trigo ha sido una de las bases de la alimentación humana. Existen diversas especies del género *Triticum*: por ejemplo, la harina común para hacer pan se obtiene del *Triticum aestivum*, mientras que la sémola procede del trigo duro, *Triticum durum*.

«Ya lo dice el refrán: Harina mala, mal pan amasa. Hay que emplear siempre harinas de calidad para todas nuestras elaboraciones».

TIPOS DE HARINAS

No todas las variedades de trigo contienen la misma cantidad de proteína, que es el factor determinante en la fuerza de una harina. En muchas ocasiones, en las harinas comercializadas la fuerza se indica con el parámetro W (cuanto mayor sea, más fuerza). Así, se pueden distinguir:

Panadera
De fuerza media, es la más utilizada para elaborar pan.

De fuerza
Presenta un alto contenido en gluten (a mayor fuerza, más tiene). Está indicada para panes y bollos que lleven mucha grasa (mantequilla, manteca, etc.) o huevos, como el brioche, el roscón de Reyes o los bollos suizos.

Integral
Conserva el germen y el salvado del trigo, por lo que tiene un sabor y un aroma más pronunciados. Es más nutritiva que las harinas cernidas.

Floja
Esta harina es especial para repostería. Tiene muy poca fuerza para conseguir masas ligeras.

De trigo duro
Es la harina procedente del *Triticum durum*. Tiene poca fuerza, así que además de panes se elabora pasta con ella.

De espelta
Es la harina procedente de la especie *Triticum spelta*. También contiene gluten, como todas las del género *Triticum*.

....

¿QUÉ ES EL TRIGO TIERNO?
En el *trigotto* con verduras y parmesano (ver pág. 182) se emplea trigo tierno vaporizado. Es un producto muy versátil que parece arroz, pero sabe a pasta. Se puede preparar guisado, en ensalada, como acompañamiento…, de la misma manera que el arroz, la quinoa o el cuscús.

¿QUÉ ES EL GLUTEN?

Es una proteína que se encuentra en cereales como el trigo, la cebada y el centeno. Es el elemento que permite que la harina de estos sean panificables: aporta elasticidad a la masa, lo que, junto con la fermentación, hace que el pan obtenga volumen y tenga una consistencia esponjosa. Si se sufre algún trastorno relacionado con el gluten, hoy en día se encuentran sustitutos como las harinas de almendra, arroz, amaranto, garbanzo, alforfón o trigo sarraceno.

«La palabra 'trigo' proviene del latín 'Triticum', que significa "quebrado, triturado o trillado". Este término hace referencia al procedimiento que debe pasar el grano para separarlo de la cascarilla que lo recubre».

TRIGOTTO CON VERDURAS Y PARMESANO

Para **4 personas**

700 ml de caldo de cocido (ver pág. 27)
350 g de trigo tierno
100 g de parmesano rallado
5 chalotas
30 g de mantequilla
40 g de coliflor
40 g de coliflor verde
40 g de calabaza
40 g de calabacín
6 espárragos verdes
½ zanahoria
6 champiñones
Aceite de oliva virgen extra
Sal y pimienta

Preparar las verduras: lavarlas y pelarlas, si es necesario. Picar las chalotas. Separar en ramitos los dos tipos de coliflor, desechando los tallos. Cortar en dados de 0,5 cm de arista la zanahoria, la calabaza y los champiñones. Cortar los espárragos en rodajas y dejar las puntas enteras.

Poner una cazuela al fuego y disponer la mitad de la mantequilla. Agregar la chalota y pocharla. Incorporar entonces el trigo y nacararlo. Mojar con un poco del caldo dejando «sufrir» el grano de trigo: no añadir más caldo hasta que se haya evaporado el incorporado, a la manera de un risotto. Cocer unos 9-11 min, repitiendo la misma operación hasta acabar con el caldo. En el minuto 7 u 8, agregar las verduras y cocer hasta completar la cocción.

En ese momento, y con la cazuela fuera del fuego, incorporar el parmesano y el resto de la mantequilla, y trabajar la mezcla con movimientos envolventes, cuidando de que no se rompan los granos de trigo, hasta lograr que quede una preparación de textura untuosa. Salpimentar y servir el *trigotto* en un plato hondo rematado con un buen cordón de aceite de oliva virgen extra.

Trucos Torres

■ Para preparar este delicioso *trigotto* —un término que hemos acuñado con *trigo* más *risotto*—, se pueden emplear otras verduras e, incluso, jugar con el tipo de corte: más o menos grueso, en juliana, *brunoise* (ver pág. 23), etc. Entonces, hay que tener en cuenta que puede variar el tiempo de cocción de las verduras y el momento en que se introducen en la cazuela, pues de ello depende su textura.

 Si entre los comensales hay personas con intolerancia a la lactosa, se puede emplear algún queso que no la incluya o sencillamente sustituirlo por 1 cucharada de margarina vegetal.

El parmesano se puede sustituir por comté o por cualquier otro queso graso.

Solo cambiando el trigo por arroz se consigue un delicioso risotto.

CREPS DE TRIGO INTEGRAL CON DULCE DE QUESO

Para 4 personas

PARA LA MASA DE CREPS

150 ml de leche
75 g de harina de trigo integral
2 huevos
1 cucharada de aceite de oliva
1 cucharada de miel
1 chorrito de brandy
1 pizca de sal
La ralladura de 1 naranja
Mantequilla

Para el dulce de queso

350 g de requesón
175 g de ricota
175 g de queso fresco
3 yemas de huevo
½ rama de vainilla
3 cucharadas de miel

Además

Azúcar glas

Para preparar el dulce de queso, mezclar en un cuenco las yemas con la miel, y batir hasta que blanqueen y hayan doblado su volumen. Incorporar entonces los tres quesos, previamente triturados con la batidora. Abrir la rama de vainilla, rasparla con un cuchillo y agregarla. Continuar batiendo hasta integrar todos los elementos. Reservar la mezcla en la nevera durante 30 min para que espese.

Precalentar el horno a 200 °C.

Mientras tanto, para preparar la masa de los creps, disponer en un cuenco todos los ingredientes y batir hasta lograr una preparación de textura fina y sin grumos. Poner una sartén al fuego con un poco de mantequilla y verter un cucharón de la masa. Cocer el crep por un lado durante 1 min hasta que se dore y darle la vuelta para cocerlo por el otro 1 min más. Repetir la operación hasta terminar con la masa.

Retirar el dulce de queso de la nevera, untar los creps con 2 cucharadas de crema y enrollarlos. Disponerlos en una bandeja de horno forrada con papel siliconado, dejando espacio entre unos y otros. Introducir la bandeja en el horno y calentar los creps durante unos minutos hasta que el relleno cuaje ligeramente.

Retirar la bandeja del horno y servir los creps espolvoreados con azúcar glas.

Trucos Torres

- Los creps son de origen francés y tienen un sabor neutro que admite tanto rellenos dulces como salados. Para una versión salada, se puede probar con una mezcla de queso azul, nueces y dados de jamón.

- La mezcla de quesos de la receta se puede sustituir por otra que incorpore mascarpone y queso de untar, por ejemplo. No obstante, el sabor final variará notablemente, pues el primero es un poco más graso que los propuestos originalmente y el segundo resulta un tanto ácido.

En la receta se ha empleado azúcar glas para terminar los creps, pero también se pueden acompañar con una salsa de chocolate, como en el nougatine (ver pág. 146).

PAN DE TRIGO, TOMATE Y ALBAHACA

2 panes de 500 g

Para el *poolish*
112 ml de agua
112 g de harina brisa
4 g de levadura fresca

⭐ **PARA EL
CONCENTRADO
DE TOMATE**
5 tomates de rama
1 diente de ajo
1 rama de albahaca
Miel
Sal

Para la masa
500 g de harina
300 g de *poolish*
215 ml de agua
30 g de concentrado de
tomate
15 g de levadura fresca
15 g de sal
1 manojo de albahaca
Aceite de oliva suave
150 g de parmesano

El día antes de preparar el pan, lavar los tomates, triturarlos y pasarlos por el chino. Poner una cazuela al fuego y verter el tomate, el diente de ajo pelado y entero y la rama de albahaca, además de sal y miel al gusto. Cocer la preparación a fuego suave hasta que el agua se haya evaporado por completo y se obtenga un concentrado de tomate denso. Retirar el ajo y la albahaca, y triturar con la batidora para acabar de dejarlo fino y ligado. Reservar en la nevera hasta el día siguiente.

Para preparar el *poolish*, en un cuenco mezclar con las varillas todos los ingredientes. Taparlo con papel film y reservar en la nevera durante 12 h para que fermente.

El día que se prepare el pan, triturar el parmesano junto con las hojas de albahaca hasta lograr un polvo fino. Pasar a un cuenco y agregar la harina, el agua y el *poolish*, y amasar con una amasadora a velocidad baja al principio para después aumentarla. Tras 8-10 min de amasado, incorporar la levadura fresca y proseguir durante unos minutos más sin llegar a calentar demasiado la masa. Si no se dispone de amasadora, también se puede realizar el amasado (ver Trucos Torres). Cuando la masa esté lista, homogénea y con la gomosidad característica de la masa de pan, pasarla a un túper parcialmente tapado y ligeramente enharinado, y dejarla reposar durante 3 h a temperatura ambiente.

Transcurrido el tiempo, cortar la masa en dos. Estirar cada trozo con un rodillo de cocina, formando un rectángulo tan grande como sea posible y de un grosor de 1 cm. Entonces, pintar la superficie con el concentrado de tomate y enrollar la masa empezando por uno de los lados largos. Cortar el rollo en rodajas de unos 10 cm de ancho y estirarlas en una bandeja con la espiral que se ha formado a la vista. Dejar fermentar los panes en la zona más cálida de la cocina entre 1 y 2 h o hasta que doblen su tamaño. Precalentar el horno a 180 °C. Pintar los panes con aceite de oliva suave y cocerlos durante 50 min (ver Trucos Torres). Cuando los panes estén bien dorados, retirarlos del horno y dejarlos enfriar a temperatura ambiente antes de consumirlos.

Trucos Torres

- El amasado también se puede realizar a mano. Se sigue el mismo procedimiento, solo que hay que incorporar la levadura fresca al final, ya que con el calor de las manos se puede activar antes de tiempo.

- El tiempo de la segunda fermentación depende de las condiciones en que se desarrolla la fermentación (temperatura y humedad básicamente), pero por lo general bastará con 1 h, aunque se puede prolongar hasta 2 h.

- Si los panes se quieren congelar, se pueden precocer durante 35 min, retirar del horno, dejar enfriar y congelar envueltos uno a uno con papel film. Cuando se quieran degustar, solo habrá que dejar que se descongelen a temperatura ambiente y cocerlos en el horno a 180 °C durante 20 min.

DE LA GRANJA

VACUNO

En función de la edad de sacrificio y de la pieza, la carne de vacuno puede presentar diferente contenido de nutrientes, pero en líneas generales destaca por las proteínas; los minerales, como el hierro, el magnesio y el fósforo, y las vitaminas del grupo B. Se recomienda comer tres o cuatro raciones de carne magra por semana, aunque las grasas y los despojos se deben consumir solo de forma ocasional.

«Preferimos las carnes viejas (toro, vaca o buey). La mejor pieza para brasa es la del lomo, con infiltraciones de grasa, que debe tener una buena maduración en cámara para que sea tierna».

CATEGORÍAS DE CARNE

Dependiendo de la edad y el sexo del animal, se distinguen las siguientes categorías de carne bovina:

Ternera blanca: macho o hembra menor de 8 meses de edad. Solo se ha alimentado de leche y el color de la carne es blanco rosáceo.

Ternera: se trata de un macho o hembra entre 8 y 12 meses de edad. Es una carne tierna de color rojo claro.

Añojo: se trata de un macho o hembra entre 12 y 24 meses. Es de un color rojo más oscuro, y más sabrosa que las anteriores.

Novillo: macho entre 24 y 48 meses. La carne es aún más roja y sabrosa, aunque menos tierna.

Cebón: macho castrado con menos de 48 meses. Como presenta grasa infiltrada, es tierna, igual que la de buey y vaca.

Buey: es un macho castrado mayor de 48 meses.

Vaca: hembra mayor de 48 meses.

Toro: macho mayor de 48 meses. La carne es roja y dura, y necesita una larga cocción. La que procede de un toro de lidia es la más apreciada.

RAZAS LEJANAS

Además de las razas autóctonas (la parda de montaña, la asturiana de los valles, la pirenaica, la retinta, la rubia gallega, etc.), cada día son más habituales otras de lejana procedencia, como la **wagyu**, originaria de la región japonesa de Kobe, o la **black angus**, autóctona de Escocia. Ambas son tiernas y presentan grasa infiltrada.

Trucos Torres

- La carne de vacuno se clasifica según las siguientes categorías: extra, primera, segunda y tercera. Además de ser indicativas del precio de la pieza, también apuntan el tipo de cocción que les va mejor.

- Las de tercera categoría, más duras, como la falda, el morrillo, el pecho o el costillar, se aconsejan para guisos, caldos y estofados. De esta última se obtiene el churrasco, muy sabroso a la plancha. El rabo es también muy valorado para guisos.

- Hay otras piezas, más polivalentes, que tanto sirven para estofados o guisos como para ser fritas o hechas a la parrilla, como la aguja, la culata de contra, el redondo o la tapa.

- Las carnes de mayor calidad, como los chuletones, deben cocinarse poco tiempo y a alta temperatura para que queden tiernas. Además de esta pieza procedente del lomo, otra de categoría extra es el solomillo. Para conseguir el punto justo de cocción —nuestra recomendación es degustarlas poco hechas—, seguid nuestros trucos (ver pág. 24).

- Los chuletones (ver pág. 192) proceden del lomo alto (o lonja) o bajo (chuleta o riñonada). Los primeros son los más cotizados y apreciados, ya que son más gruesos y suelen tener más grasa infiltrada. Estas piezas necesitan reposar tras el sacrificio del animal: además de ser más tiernas gracias a la descomposición natural controlada, durante la cocción no pierden tanta agua. En términos generales, la maduración dura de 30 a 50 días, aunque en algunos casos se alarga hasta el centenar.

- La calidad de una carne se percibe solo con cocerla: si al ponerla en la sartén, salpica mucho y mengua de tamaño es que no es muy buena. Significa que contiene mucha agua porque no se ha dejado reposar lo necesario y que no tiene la suficiente grasa infiltrada.

- La presencia de grasa infiltrada es sinónimo de calidad. Los animales que han tenido una alimentación adecuada y han podido pastar tranquilamente tienen la grasa más repartida por el lomo, mientras que los demás la concentran en la corteza.

BRIOCHE DE RABO DE BUEY, CHOCOLATE Y PICO DE GALLO

Para **4** personas

8 brioches de
   mantequilla
Unas hojas de rúcula

Para el rabo

1 kg de rabo de buey
   troceado
1 l de caldo de cocido
   (ver pág. 27)
500 ml de vino tinto
   joven
350 g de harina
1 cebolla
2 zanahorias
1 puerro
1 cabeza de ajos

1 hoja de laurel
1 rama de tomillo
1 nuez de mantequilla
6 bayas de pimienta
5-10 g de chocolate
   negro amargo
Aceite de oliva suave
Sal y pimienta

Para el pico de gallo

3 tomates de rama
1 cebolla roja pequeña
El zumo de ½ lima o
   limón
½ guindilla roja fresca
1 rama de cilantro

Unas 24 h antes de comenzar la receta, preparar las verduras: pelar las zanahorias, el puerro y la cebolla, y cortar todo bien pequeño. Cortar la cabeza de ajos por la mitad en horizontal. Disponer el rabo de buey en un cuenco grande y agregar todas las hortalizas, junto con el laurel, el tomillo y la pimienta. Cubrir todo con el vino y dejar en la nevera y con el cuenco tapado hasta el día de la preparación.

Pasado el tiempo, colar y colocar todo por separado: la carne, las verduras y el vino. Enharinar el rabo. Poner una sartén al fuego con un poco de aceite de oliva y marcar los trozos. Disponerlos en una cazuela ancha. En la misma sartén, rehogar las verduras y, en cuanto tomen color, mojarlas con el vino de la marinada. Hervir durante unos 10 min, pasar a la cazuela del rabo de buey y verter el caldo. Tapar la cazuela y proseguir con la cocción a fuego suave durante 1,5-2 h, hasta que la carne resulte tierna. Si hiciera falta más caldo, agregárselo.

Mientras tanto, preparar el pico de gallo. Para ello, escaldar los tomates, pelarlos, despepitarlos y cortarlos en dados regulares de 1 cm de arista. Pelar la cebolla y cortarla de la misma manera. Picar las hojas de cilantro y picar la guindilla. Reservar en la nevera.

Cuando la carne esté en su punto, retirarla de la cazuela (con cuidado de que no se deshaga), dejarla que se temple y desmigarla. Reservar en la nevera. Pasar la salsa por un chino (desechando las verduras), disponerla en un cazo y reducirla junto con una nuez de mantequilla, hasta lograr una textura con cuerpo, ligada y espesa. Fuera del fuego, agregar el chocolate negro rallado, remover y reservar en caliente. Disponer la carne desmigada en un cazo y añadir un poco de la salsa para rehidratarla. Salpimentar.

Justo antes de montar el brioche, mezclar los ingredientes ya preparados del pico de gallo: tomate, cebolla, cilantro y guindilla. Salpimentar y verter el zumo de lima o limón. Mezclar bien.

Abrir los brioches por la mitad. Disponer en la base un poco de salsa, una cucharada de la carne desmigada y otra de pico de gallo bien frío, para terminar con unas hojas de rúcula. Tapar y servir.

Trucos Torres

- En la receta se han empleado brioches de mantequilla, pero una buena alternativa son los panes al vapor japoneses o, incluso, un pan de Viena de calidad. Lo único que hay que tener en cuenta es que estos panes deben ser neutros o salados, nunca dulces.

- El rabo de buey guisado es un plato clásico que en esta ocasión se ofrece de una manera peculiar. No obstante, si no acaba de convencer, siempre se puede prescindir de la guarnición y ofrecer únicamente la carne, que se puede servir tanto desmigada como entera con el hueso, y finalmente salseada.

CHULETÓN CON GUARNICIÓN

Para **4** personas

1 chuletón de vaca
    de 1,5 kg
Aceite de oliva suave
Mantequilla
Sal y pimienta

Para las patatas

1 kg de patata agria
Aceite de oliva suave y sal

⭐ **PARA EL
    CHIMI-TORRES**

El zumo de ½ lima
1 cucharadita de eneldo
    picado
1 cucharadita de mostaza
    de Dijon
1 cucharadita de perejil
    picado
1 cucharadita de orégano
    picado

½ guindilla fresca
½ diente de ajo
100 ml de aceite de oliva
    virgen extra
Pimienta
Flor de sal

⭐ **PARA LA SALSA DE
    MANTEQUILLA Y
    CHALOTAS**

250 g de mantequilla
3 chalotas
1 cucharada sopera de
    mostaza antigua
El zumo de 2 limones
Sal y pimienta

Para elaborar el chimi-Torres, pelar el ajo y picarlo, así como la guindilla, y disponerlos en un cuenco junto con las hierbas. Agregar el zumo de lima, la mostaza, sal y pimienta, y mezclar. Por último, incorporar el aceite de oliva virgen extra y remover. Macerar en la nevera unas 12 h.

Pelar las patatas y cortarlas en bastones gruesos de unos 7 cm de largo. Lavar y escurrir. En una sartén con abundante aceite de oliva y a fuego medio, confitar las patatas. Cuando estén cocidas, retirarlas del aceite y reservar.

Para elaborar la salsa de mantequilla y chalotas, fundir la mantequilla y dejar en reposo para que se separen los dos elementos que la componen: la grasa y el suero. Por decantación, recuperar únicamente la grasa y desechar el suero (esto es, clarificar la mantequilla). En el vaso de la batidora eléctrica disponer la mostaza antigua, el zumo de limón y las chalotas peladas y cortadas en cuartos. Triturar bien y poco a poco agregar la mantequilla clarificada para que la salsa se ligue, como si se tratase de una mahonesa.

Dejar en la nevera durante 2 h. Cuando se vaya a emplear, retirarla de la nevera un rato antes de usarla para que se atempere.

Una vez preparada la guarnición y las salsas, poner una sartén al fuego y calentarla bien. En este momento, agregar un chorro de aceite de oliva y un trozo de la grasa del chuletón. Con ello, se aromatizará el aceite. Salpimentar la carne y dorarla por un lado. Cuando esté lista, darle la vuelta y agregar una nuez de mantequilla sobre el lado ya cocido. Con una cuchara, ir regando la carne con la propia grasa que vaya soltando para dorarla en los puntos que no hayan quedado lo suficientemente marcados. De esta forma, se sellará toda la carne creando una costra. Una vez lista, depositar la carne sobre una rejilla y dejar en reposo unos 5 min para que se repartan los jugos.

Calentar el aceite de la sartén de las patatas y freírlas a fuego fuerte hasta que tengan un color dorado y queden bien crujientes. Escurrir del aceite, depositar sobre papel de cocina y espolvorear sal.

Con la ayuda de un cuchillo bien afilado y sobre la superficie de trabajo, separar la carne del hueso y filetearla. Disponer la carne, montándola como si no estuviera cortada, en una bandeja. Espolvorear un poco de flor de sal y regar con un cordón de aceite de oliva virgen extra.

Servir los filetes de chuletón acompañados de las patatas fritas y las salsas.

Trucos Torres

▪ Para hacer patatas fritas, la mejor variedad es la agria, puesto que al tener poca agua y almidón en comparación con otras variedades como la monalisa, quedan de un color dorado pronunciado y con una textura crujiente. El hecho de confitarlas antes de freírlas se debe a que con ello se consigue que queden mantecosas por dentro. Al aceite de la fritura se le puede añadir un diente de ajo o una ramita de romero para aromatizarlo. ¡Retirar del aceite antes de freír las patatas!

▪ Si la salsa de mantequilla y chalotas se corta, poner un poco de agua fría en el vaso limpio de la batidora y batir mientras se va añadiendo poco a poco la salsa cortada.

El chuletón se puede también acompañar con un pilpil de pimientos del piquillo (ver pág. 36) o con una salsa de pimientos choriceros y frutos secos (ver pág. 37).

Cerdo

La palabra «marrano», sinónimo de «cerdo», proviene del árabe *máhram*, que significa «cosa prohibida». Este animal doméstico es fundamental en la alimentación humana desde hace miles de años. En España se diferencian las razas provenientes del tronco ibérico —las más valoradas—, además de la Duroc, Hampshire, Pietrain o Blanco Belga, entre otras.

La carne de cerdo es rica en proteínas de alta calidad, vitaminas y minerales, aunque posee un mayor contenido en grasa que la de otros animales. El tipo de pieza y las condiciones de cría también determinan sus características nutricionales.

Trucos

- Para realizar cocciones largas (guisos o al horno), se recomiendan las siguientes partes del cerdo: carrilleras, bajo de la culata, codillo, jamón, pies y manos.

- Para fritos o brasa, se aconsejan: careta, bajo de la culata, cabeza del lomo, costilla (ideal para arroces), chuletas, jamón, lomo, panceta, papada y solomillo (aunque también se puede asar).

- En el caso del cerdo ibérico, se comercializan también la pluma, la presa y el secreto. Son ideales para hacer a la plancha o a la brasa.

- Para darle un toque diferente a esta carne, se puede marinar unas horas con una mezcla de aceite de oliva, soja, vino y especias (ver pág. 196).

«El cerdo ibérico es la joya de la corona de este país. Cualquier pieza obtenida de este animal tiene garantía de calidad asegurada».

PIES DE CERDO, GAMBAS, NABOS Y PUERROS

Para **4** personas

8 mitades de pies
de cerdo
1 cabeza de ajos
1 cebolla
1 hoja de laurel
4 clavos de olor
Sal

Para el relleno

150 g de cebolla
150 g de puerro
12 gambas pequeñas
2 dientes de ajo
Aceite de oliva
Sal y pimienta

Para la guarnición

400 g de nabo
300 g de puerro
100 ml de vino blanco
1 diente de ajo
Aceite de oliva
Sal y pimienta

Para el rebozado

2 huevos
100 g de pan rallado
80 g de harina

Limpiar los pies de cerdo, quemándoles los pelos que puedan tener, al fuego o con un soplete. Llenar una cazuela con agua y agregar la cebolla pelada con los clavos de olor clavados en ella, el laurel, la cabeza de ajo partida en horizontal, un poco de sal y los pies de cerdo. Poner la cazuela al fuego y cocer el conjunto durante 1,5 h aproximadamente o hasta que los pies estén tiernos. Retirarlos con una espumadera procurando que no se rompan y reservar en un plato hasta que se templen. Cuando se puedan manipular, deshuesar y reservar planos, manteniendo su forma, en una bandeja.

Mientras tanto, para preparar el relleno, pelar y picar finamente la cebolla, el puerro y el ajo. Poner una sartén al fuego con un chorro de aceite de oliva y agregar los ingredientes anteriores junto con el romero. Pochar el conjunto, pero sin que tome color, e incorporar las gambas peladas y limpias. Dar un par de vueltas y retirar del fuego. Salpimentar y desechar la rama de romero.

Disponer la mitad de los pies de cerdo sobre la superficie de trabajo forrada con papel film con la piel para abajo. Colocar una cucharada del relleno y cubrir con la otra mitad del pie. Enrollar con el papel film presionando ligeramente para juntar las dos mitades y dejar en la nevera durante 2 h.

Para preparar la guarnición, pelar y picar el ajo y el puerro. Cortar el nabo en dados regulares de 0,5 cm de arista.

Poner una cazuela al fuego con un chorro de aceite de oliva y dorar el ajo. A continuación, agregar el puerro y el nabo, y dejar pochar a fuego suave sin que tome color. Cuando estén transparentes, verter el vino blanco y salpimentar. Dejar evaporar todo el vino y retirar del fuego. Reservar.

Pasado el tiempo de reposo de los pies, retirarles el papel film y pasarlos por harina, huevo batido y pan rallado. Poner una sartén al fuego con abundante aceite de oliva y, cuando esté caliente, freír los pies por los dos lados hasta que tomen un color dorado. Escurrir sobre papel de cocina.

Para emplatar, disponer una cucharada de guarnición usando para ello un aro. Colocar un pie de cerdo relleno encima y servir.

Trucos Torres

■ Freír los pies de cerdo puede resultar complicado: al estar compuestos casi únicamente por agua y colágeno, si el aceite está demasiado caliente salpican mucho, pero si está frío el rebozado absorbe demasiada grasa. Hay que encontrar el punto óptimo de temperatura, lo que solo se logra con experiencia.

■ El relleno de estos pies de cerdo se puede preparar con los ingredientes que más gusten: setas, bacalao, verduras varias, carne picada, etc.

■ Si se compran los pies de cerdo ya cocidos, se deben calentar un poco antes de deshuesarlos, pues de lo contrario, en frío, resulta imposible.

PRESA IBÉRICA MARINADA, ENCURTIDOS Y ESCAROLA

Para 4 **personas**

1 presa ibérica (entre 800 g y 1 kg antes de limpiarla)

Para la marinada
1 l de salsa de soja
10 g de jengibre rallado
1 cucharadita de mostaza
El zumo y la ralladura de 1 limón
El zumo y la ralladura de ½ naranja
1 ramita de tomillo
1 diente de ajo
Aceite de oliva virgen extra

Para la vinagreta
El zumo de ½ limón
50 ml del jugo de la marinada
100 ml de aceite de oliva virgen extra
Sal y pimienta

Para la guarnición
1 escarola francesa
16 alcaparras encurtidas
3 pepinillos encurtidos
5 cebollitas encurtidas

Precalentar el horno a 180 °C. Limpiar la pieza de presa ibérica de grasa y fibras (únicamente las que pueda haber en la superficie) con el fin de que quede un corte limpio, que quede solo con la grasa veteada que presenta la pieza. Espolvorear un poco de sal (poca cantidad, ya que la marinada contiene soja) y pimienta.

En una sartén con un cordón de aceite, dorar la presa uniformemente por los dos lados bañándola con su propia grasa con la ayuda de una cuchara. Una vez bien marcada, disponerla en una fuente de horno y hornear unos 5-6 min (ver los diferentes puntos de cocción en la pág. 24). Pasado el tiempo, retirar y dejar que repose para que se repartan los jugos.

Mientras tanto, para preparar la marinada, disponer en un cuenco grande el jengibre y agregar el zumo y la ralladura del limón y de la media naranja, la mostaza, el diente de ajo, pelado y chafado, y la ramita de tomillo; mezclar y verter la salsa de soja, y remover. Introducir la presa en la marinada, que debe quedar totalmente sumergida (usar una tapa o un plato para hacer peso sobre la carne y que no flote en el líquido), durante 12 h y en la nevera.

Una vez transcurrido el tiempo, retirar la presa de la marinada y secar con papel de cocina, limpiando los po-

sibles restos que le puedan haber quedado. Colar la cantidad indicada de marinada para después hacer la salsa. Reservar.

Para preparar la vinagreta, verter el zumo de limón en un cuenco y agregar sal y pimienta al gusto, así como la marinada que se ha reservado. Emulsionar con un poco de aceite de oliva.

Limpiar la escarola y desechar las hojas más verdes. Disponerla en un cuenco con agua y hielo durante un par de minutos, y escurrir.

Cortar la carne en lonchas finas y disponerlas en los platos. Encima, colocar unas alcaparras, cebollitas, hojas de escarola y unos dados de pepinillo. Aliñar con la vinagreta y servir.

Trucos Torres

- En la receta se ha empleado la escarola francesa, también llamada *frisée*, ya que es más fina y agradable que la común, más carnosa y un poco más amarga. No obstante, se puede emplear la que más guste o, incluso, otras hierbas para ensalada, como rúcula, hoja de roble, etc.

- En cuanto a la marinada, se puede jugar tanto con las proporciones de los ingredientes que acompañan la soja como añadir otros del gusto del cocinero o los comensales, por ejemplo, distintas especias, hierbas aromáticas, sésamo o almendras.

- Las alcaparras, los pepinillos y la escarola son muy buenos aliados para acompañar esta presa, ya que, al ser una carne más bien grasa, el vinagre de los encurtidos y el amargor de la escarola aportan un toque fresco para mitigar la pesadez del plato.

Cebolletas
encurtidas

Escarola

Pepinillo

Alcaparra

POLLO

Hace miles de años los egipcios ya practicaban la incubación artificial de huevos para producir pollos, y es que esta carne ha sido fundamental desde tiempos inmemoriales para la alimentación humana. Existen unas 200 razas de pollo en el mundo, algunas de ellas autóctonas de nuestro país, como la catalana de El Prat. A nivel nutricional, la carne de pollo contiene proteínas de calidad, minerales, vitamina B y, en comparación con la de ganado mayor, por ejemplo, tiene menos grasas, por lo que es una opción sana para las personas que tienen colesterol.

«Además de ser un producto relativamente económico, el pollo presenta un sinfín de posibilidades culinarias».

DESPIECE DEL POLLO

Las aves se comercializan enteras, normalmente ya evisceradas, o troceadas y cortadas en cuartos (delanteros y traseros) u octavos (ala, pechuga, muslo y contramuslo). También se presentan pechugas fileteadas, jamoncitos, etc. A continuación, algunos apuntes culinarios sobre las partes más importantes:

Alas

La punta se destina al caldo, mientras que la primera falange (la parte más carnosa adherida al tronco del animal) y la segunda falange (juntas o separadas) se cocinan fritas, asadas e, incluso, a la brasa.

Muslo

Las extremidades inferiores del animal (enteras o separadas en contramuslo y jamoncito) son jugosas y tiernas, por lo que aceptan muchas preparaciones: se pueden asar, freír, guisarse, estofarse, cocerse a la brasa o a la plancha e, incluso, hervirse.

Pechuga

Es la parte menos grasa del animal, por lo que no es tan tierna como el muslo. Entera o fileteada, se puede preparar a la plancha y a la brasa, así como en escabeche o freírse empanada.

Hígado

Se puede freír solo o encebollado, además de incluirse tradicionalmente en picadas o arroces.

Molleja

Esta glándula situada en el esófago es carnosa y sabrosa, y se puede saltear, guisar, rebozar o freír.

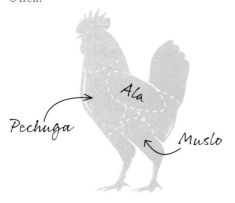

Trucos Torres

- En el mercado hay pollos cuya carne es de color blanco o amarillo. La coloración depende del tipo de alimentación que ha recibido.

- Antes de guardarlo en la nevera, hay que eviscerarlo, pulirlo y limpiarlo con un paño húmedo.

- Se puede guardar en la nevera un máximo de 3 o 4 días. Congelado se guarda unos 6 meses.

- Para conseguir un pollo asado entero bien jugoso, se puede sumergir previamente en una salmuera (ver pág. 203).

TIPOS

En primer lugar, cabe distinguir entre los pollos de **granja** y los de **corral**, criados en semilibertad y con una alimentación más natural y variada. En función de su edad, se clasifican en:

Picantón: pollo joven de apenas un mes, con un peso no superior a 500 g. Su carne es suave y con poca grasa.

Pollo: cría de gallina, sea macho o hembra, que se sacrifica antes de los 5 meses de edad, cuando su peso es de entre 1 y 3 kg.

Capón: pollo capado para el engorde. Se sacrifica a los 5-8 meses y pesa entre 3 y 3,5 kg. Ideal para preparar relleno y asado. Su carne es aromática, tierna y tiene grasa intramuscular.

Pularda: gallina joven y cebada esterilizada. Se sacrifica a los 5-8 meses y pesa entre 2,5 y 3 kg. También es más tierna y tiene mayor presencia de grasa intramuscular que el pollo.

Gallina: hembra adulta que se sacrifica cuando ya no puede poner más huevos. Su carne, sabrosa pero dura, se emplea para el caldo.

ENSALADA DE POLLO CON CIGALITAS

Para **4** personas

16 cigalitas
4 muslos de pollo
2 escarolas *frisée*
3 hojas de pasta filo
40 g de mantequilla
Sal

Para el macerado

El zumo de ½ limón
2 dientes de ajo
1 rama de perejil
½ cucharada de curri
   de Madrás

Aceite de oliva virgen
   extra
Sal y pimienta

Para la vinagreta

60 ml de aceite de oliva
   virgen extra
20 ml de vinagre de
   Jerez
El jugo de las cabezas de
   las cigalitas
Sal y pimienta

Precalentar el horno a 180 °C.

Para el macerado, en un mortero, majar el diente de ajo pelado junto con una pizca de sal y un poco de pimienta. Lavar y picar el perejil e incorporarlo al mortero, y seguir majando. Verter un chorro de aceite de oliva y el zumo de limón junto con el curri. Remover.

Deshuesar los muslos de pollo, dejándolos de una sola pieza abierta y conservando la piel pegada a la carne. Con una cuchara untar el pollo con el majado, repartiendo bien la mezcla. Dejar en reposo unos minutos.

Mientras tanto, extender la pasta filo sobre la superficie de trabajo y con un cortapastas redondo de 12-15 cm de diámetro recortar en discos. Disponerlos en una bandeja forrada con papel de horno o con un tapete de silicona. Fundir la mantequilla y pintar con ella los discos. Salpimentar y hornearlos durante 4-5 min o hasta que estén tostados. Pasado el tiempo, retirar del horno y dejar en reposo.

Poner una olla con agua al fuego y agregar sal en una proporción de 70 g por litro de agua. Cuando arranque el hervor, incorporar las cigalitas y cocerlas durante 30 s, tiempo que puede variar en función del tamaño. Al retirarlas del agua, pasarlas inmediatamente a un baño de agua con cubitos de hielo. Cuando se enfríen del todo, pelarlas y reservar la carne. Pasar a un cuenco las cabezas y apretarlas para sacarles el jugo, que se deberá colar y reservar para la vinagreta.

Para preparar la vinagreta, disponer todos los ingredientes en un cuenco y emulsionar. Reservar.

Poner una sartén al fuego y, cuando esté caliente, disponer los muslos de pollo del lado de la piel. Dorarlos con el fuego muy suave, cubrirlos con papel de horno y poner encima un cazo para que actúe de peso. Con ello se consigue que el muslo quede plano y muy crujiente. Pasados 10-15 min, darles la vuelta y cocerlos por el otro lado apenas 1 min más. Retirarlos de la sartén y cortarlos en tiras.

Limpiar la escarola y desechar las hojas más verdes. Sumergirla en un baño de agua con hielo durante 5 min, escurrir y secar. Cortar las hojas, disponerlas en un cuenco y aliñar con la vinagreta.

Para emplatar, colocar un aro en el centro de un plato llano y cubrir la base con tiras de pollo. Encima colocar la escarola y sobre esta un disco de pasta filo. Por último, disponer las cigalitas. Repetir la operación una vez más, regar todo con un poco de vinagreta y servir.

Trucos Torres

- Esta es una ensalada que combina a la perfección productos del mar con los de montaña, una mezcla típica de la gastronomía catalana que tiene muchos seguidores.

- Con el fin de que el pollo absorba la mayor cantidad de marinada, se pueden realizar unos cortes en el lado sin piel del muslo, pero sin llegar a traspasarlo.

- Los ingredientes de la marinada pueden variar al gusto del comensal. Por ejemplo, como alternativa a los que se proponen en la receta, se puede usar pimentón o salsa de soja.

EL MEJOR POLLO DEL MUNDO

Para 4 personas

1 pollo
½ lima
1 hoja de laurel
1 ramita de tomillo
2 dientes de ajo
1 cebolla
3 patatas agrias
Aceite de oliva suave
Sal y pimienta

Para la salmuera
3 l de agua
90 g de sal

Para preparar la salmuera, mezclar el agua con la sal.

Limpiar el pollo quitándole la cabeza, los órganos interiores, los alerones y las patas.

① Introducirlo en la salmuera durante 12 h y reservar en la nevera.

Al día siguiente, retirar el pollo de la salmuera y escurrir.

② Rellenarlo con la lima, el laurel, el tomillo y los ajos. Reservar.

Precalentar el horno a 140 °C. Pelar las patatas y cortarlas en rodajas de 1 cm de grosor. Pelar la cebolla y cortarla en dados regulares.

③ Disponer estos dos elementos en una cazuela refractaria y agregar un cordón de aceite de oliva. Embadurnar el pollo con aceite pintando toda la piel. Disponer el pollo sentado en la cazuela encima de las patatas y las cebollas.

④ Introducir en el horno y asar durante 1,5 h, pintando y regando el pollo cada 15 min con los jugos y el aceite que va soltando.

⑤ Una vez transcurrido el tiempo, retirar la cazuela del horno y dejar reposar 20 min. Subir la temperatura a 200 °C e introducir nuevamente la cazuela en el horno. Asar hasta que el pollo tenga un color dorado y la piel esté crujiente.

Trucos Torres

■ Existe en el mercado una cazuela con un cono en medio para pinchar el pollo y que así se mantenga erguido durante la cocción. Si no se dispusiera de ella, basta con colocarlo sobre una base de patatas para que se aguante derecho.

■ El macerado en salmuera aporta humedad a la carne de pollo. La primera cocción dejará la carne jugosa y blanda, y el asado final a mayor temperatura acabará de darle el punto crujiente. Esta triple técnica es el secreto de este fantástico plato.

■ Para ir regando el pollo con los jugos, además de poder emplear una cucharita, se puede usar una ramita de romero a modo de pincel, lo que le aportará un toque extra de aroma.

■ En el relleno del pollo se ha empleado lima, más fresca y aromática que el limón, pero también se puede sustituir por este último fruto.

Lima

ALITAS DE POLLO SIN TRABAJO, JUGO DE RUSTIDO Y ENSALADA DE ANISADOS

Para (4) personas

750 ml de aceite de
  oliva suave
10 alitas de pollo
  (con las 3 falanges)
1 diente de ajo
1 guindilla seca
1 hoja de laurel
8 bayas de pimienta
  negra
Sal y pimienta

Para la ensalada de anisados

1 lechuga francesa
1 ramita de hinojo
1 ramita de perifollo
Unas ramas de estragón
El verde de 1 cebolla
  tierna

⭐ PARA LA SALSA DE RUSTIDO

1 l de caldo de cocido
  (ver pág. 27)
60 g de cebolla
50 g de zanahoria
50 g de puerro
El zumo y la ralladura
  de 1 limón
1 yema de huevo
2 dientes de ajo
1 hoja de laurel
6 bayas de pimienta
  negra
Aceite de oliva suave
Sal y pimienta

Limpiar las alitas y separar el alerón (reservar para preparar la salsa) del muslito. Poner una cazuela al fuego con el aceite, el diente de ajo entero con piel y aplastado con un golpe, la guindill,; el laurel, la pimienta y, por último, las alitas previamente salpimentadas. Confitarlas a una temperatura constante de 80-85 °C durante 40-50 min o hasta que estén muy tiernas. Con la ayuda de un tenedor, retirar las alitas del aceite y enfriar a temperatura ambiente antes de manipularlas.

Una vez que estén frías las alitas, con mucho cuidado, retirarles los huesos, dejándolas enteras. Reservar en la nevera.

Para preparar la salsa, poner una cazuela al fuego con un poco de aceite y dorar los alerones reservados. Cuando hayan tomado color, agregar el diente de ajo y las verduras previamente peladas y cortadas en trozos pequeños. Pochar y verter el zumo de limón (reservar unas gotas) y el caldo. Proseguir con la cocción hasta que se obtenga una salsa con un toque de colágeno y un fuerte sabor.

Pasar por un colador fino y dejar enfriar. Agregarle la yema de huevo, previamente batida, poco a poco para que se integre. Poner al punto de sal y pimienta, y verter el zumo de limón guardado. Reservar en la nevera.

Para preparar la ensalada, deshojar el perifollo, el estragón y el hinojo, y cortar el verde de la cebolla tierna a la juliana. Sumergir en un baño de agua con hielo para que en el momento de usarlos estén más tersos y la juliana de cebolla se rice. Limpiar las hojas de lechuga francesa, y sumergirlas en un baño de agua con hielo unos minutos. Escurrir al montar el plato.

Marcar las alitas deshuesadas en una plancha o sartén con unas gotas del mismo aceite. Deben quedar bien crujientes. Escurrir sobre papel de cocina y reservar.

Para montar el plato, disponer una hoja de lechuga y rociar con un poco de salsa. Colocar una alita de pollo y terminar con el resto de las hierbas. Se servirán 5 alitas por persona montadas de la misma forma.

Trucos Torres

- Este plato resulta una buena idea para una cena de picoteo con amigos o para una comida informal, ya que no hace falta usar cubiertos. ¡Las alitas se cogen enrolladas con la hoja de lechuga!

- La salsa que acompaña las alitas potencia el sabor de cualquier plato de pollo. Se pueden sustituir los alerones con los que se prepara por una carcasa de pollo.

- Las hierbas que se han empleado para acompañar las alitas conforman una deliciosa mezcla de anisados. No obstante, se puede usar cualquier otra combinación que aporte otros matices más ácidos o más tostados.

Estragón

Eneldo

Perifollo

El verde de la
cebolla tierna

CORDERO

La carne ovina se clasifica según la edad del animal. El **cordero lechal** o lechazo, sacrificado entre las 4 y las 6 semanas de edad, se ha alimentado exclusivamente con leche materna y su carne es muy tierna. El **cordero recental** y el **ternasco** de Aragón no suele superar los 3 meses y no ha sido destetado, aunque también ha comido pasto o pienso. El **cordero pascual**, que tiene entre 4 y 6 meses, y el **cordero**, que se sacrifica alrededor del año, completan los tipos que se comercializan. Los ejemplares más jóvenes son también los más valorados del sector **caprino**. El cabrito es la cría de cabra de no más de un mes alimentada de leche materna.

A nivel nutricional, esta carne contiene proteínas de calidad y es rica en vitaminas del grupo B, aunque es la más grasa después de la de vacuno.

«La carne de cordero a la brasa nos encanta, y si durante la cocción se pinta con una mezcla de miel y vinagre (ver pág. 210) con un poco de romero, aún es más gustosa».

Trucos Torres

▪ Las costillas, las chuletas o el lomo son las partes más valoradas del cordero, y resultan deliciosas a la brasa. Le siguen la paletilla, el codillo y la pierna, que se pueden cocinar al horno. Esta última, cortada, se puede hacer a la parrilla o incluir en guisos.

▪ El romero, el tomillo o la salvia son hierbas aromáticas que combinan muy bien con el cordero.

▪ Para los corderos de más edad, se recomienda una marinada con vino, hierbas, especias o un poco de vinagre porque ayuda a ablandarlo y le quita el sabor a lana.

PIERNA DE CORDERO RELLENA DE SETAS CON PERAS

Para 4 **personas**

2 piernas de cordero
50 g de manteca de cerdo
4 patatas monalisa
1 ramita de romero
1 ramita de tomillo
Sal y pimienta

Para el relleno
300 g de setas de
    temporada
60 g de cebolla
40 g de manteca de
    cerdo

40 ml de brandy
2 dientes de ajo
1 ramita de perejil
Sal y pimienta

Para la guarnición
4 peras conferencia
250 ml de caldo de
    cocido (ver pág. 27)
25 ml de aceite
2 cucharadas de jugo del
    asado de las piernas
Sal y pimienta

Deshuesar las piernas de cordero sin retirar el hueso de la caña de la pierna para que mantengan la forma a la hora de rellenarlas. Salpimentar y reservar.

Para preparar el relleno, limpiar las setas con un trapo húmedo y eliminar los restos de tierra que puedan tener, y después cortarlas en trozos pequeños. Pelar y picar la cebolla y el ajo. Lavar y picar el perejil. Poner una sartén al fuego y saltear las setas. A continuación, incorporar la cebolla y proseguir con la cocción hasta que esté transparente. En este momento, incorporar el ajo y el perejil, y flambear con el brandy. Retirar la sartén del fuego, salpimentar y dejar enfriar a temperatura ambiente.

Precalentar el horno a 200 °C.

Una vez frío el relleno, introducirlo en las piernas y coserlas con una aguja de bridar e hilo bramante, procurando que la costura quede firme con el fin de que no se abra al cocerlas. Untarlas con la manteca.

Lavar las patatas y cortarlas en rodajas de 2 cm de grosor. Disponerlas en la base de una fuente de barro y colocar encima el romero. Disponer entonces las piernas y verter un vaso de agua tibia. Introducir la bandeja en el horno y cocerlas durante 1 h, regando de vez en cuando con el jugo de la cocción. Pasado el tiempo, apagar el horno, pero dejar las piernas dentro con la puerta cerrada durante 1 h más.

Mientras tanto, para preparar la guarnición, pelar las peras y partirlas por la mitad a lo largo. Poner una sar-

tén al fuego y dorarlas. Salpimentarlas, y cuando vayan adquiriendo color, mojarlas con el caldo de cocido y agregar un poco del jugo del asado del cordero. Proseguir con la cocción hasta que el líquido se reduzca y las peras queden pochadas y traslúcidas.

Una vez listas las piernas de cordero, retirar la fuente del horno, quitar el hilo bramante y cortarlas en lonchas. Retirar también las patatas y reservar el jugo de cocción.

Para servir, colocar en cada plato unos medallones de pierna de cordero, junto con una ración de patatas y dos mitades de pera. Regar con el jugo de la cocción.

Trucos Torres

- Las piernas se pueden rellenar, siguiendo el mismo procedimiento, con otros ingredientes, ya sean frutas deshidratadas, setas, hierbas aromáticas y especias. El abanico de posibilidades es infinito.

- Las peras son un acompañamiento ideal para muchos tipos de carnes, por ejemplo, pato, pollo o cordero, como se propone en este plato. Aportan un toque de dulzor que combina bien con el sabor y la textura de las carnes, más si son tan sabrosas como la de cordero.

- La aguja de bridar es un tipo de aguja de gran tamaño que se debe emplear como si se tratara de un cosido normal. Existen otros sistemas para cerrar las carnes, como las mallas elásticas. Estas se pueden adquirir en grandes superficies.

TERRINA DE CORDERO CON TOMATES A LA PROVENZAL DE ALMENDRAS

Para 4 personas

4 cuellos de cordero
(unos 375 g cada uno)

150 g de panceta de
cerdo fresca

15 ciruelas secas

35 g de pipas de calabaza

3 rebanadas de pan
sin la corteza

1 chorrito de brandy
al gusto

Sal y pimienta

⭐ **PARA LOS TOMATES A LA PROVENZAL DE ALMENDRAS**

12 tomates cherry
de rama

50 g de harina de
almendra

½ diente de ajo

10 g de queso parmesano

1 ramita de romero
deshojada

1 ramita de tomillo
deshojada

3 hojas de salvia picadas

1 cucharadita de
pimentón

Sal y pimienta

Para el aliño

30 ml de vinagre de
Jerez

1 cucharadita de miel

90 ml de aceite de oliva
virgen extra

Precalentar el horno a 180 °C.

Deshuesar completamente los cuellos de cordero, quitándoles también la grasa. Cortar la carne en dados regulares de 1 cm de arista. Introducirla en un cuenco y reservar.

Cortar el pan en dados de 0,5 cm de arista y agregar al cuenco. Mezclar y salpimentar. Incorporar las pipas de calabaza con la panceta y las ciruelas cortadas en trozos pequeños. Verter el brandy y mezclar hasta que todos los ingredientes se hayan integrado bien. Pasar a un molde de terrina de metal, y tapar con papel de aluminio de manera que este toque el preparado y apretar para que no quede aire. Realizar un agujero en el centro para que salga el vapor. Cocer la terrina en el horno al baño maría: introducirla en un recipiente mayor con 4 cm de agua durante 3 h.

Pasado el tiempo, retirar la terrina del horno y enfriar a temperatura ambiente. Cuando esté fría del todo, reservar en la nevera con el fin de que se asiente durante 12 h como mínimo. Después del reposo, desmoldar y cortarla en lonchas. Reservar.

Para elaborar la provenzal, mezclar todos los ingredientes, excepto los tomates cherrys, hasta conseguir una preparación homogénea. Practicar un corte a los tomates en la parte superior retirándoles el pedúnculo y otro corte en la base para que se mantengan erguidos. Disponer un poco de la provenzal encima de cada tomate y asarlos en el horno a 180 °C entre 6 y 8 min hasta que el parmesano se gratine.

Por último, elaborar la vinagreta. En un cuenco, emulsionar todos los ingredientes con unas varillas.

Para emplatar, disponer unas lonchas de terrina en cada plato en forma de abanico, acompañar con los tomates a la provenzal de almendras y regar el conjunto con la vinagreta.

Trucos Torres

- Esta deliciosa terrina se puede acompañar con un sinfín de guarniciones, por ejemplo, unas simples hojas de escarola o lechuga con un sabroso aliño.

- Aunque en la receta las lonchas de terrina se sirven en frío, pueden degustarse en caliente. Para ello, cortar las lonchas en lingotes y marcarlos en una sartén bien caliente sin ningún tipo de grasa. La guarnición es también perfecta para esta opción en caliente, aunque, en vez de la vinagreta, se puede emplear una salsa elaborada con huesos de cordero, que sirve para acompañar cualquier plato con esta carne.

⭐ SALSA DE CORDERO

Tostar los huesos de cordero en el horno a 200 °C de temperatura hasta que tomen color. Una vez dorados, introducirlos en una olla junto con una bresa de verduras (cebolla, puerro, zanahoria, apio y ajo) y hervir durante unas 6 h. Pasado este tiempo, colar el caldo resultante y reducirlo hasta conseguir una salsa untuosa, rica en colágeno y de sabor intenso. Terminar con una nuez de mantequilla para conseguir más cuerpo.

CONEJO

Hace un tiempo, había conejos tanto corriendo por los montes como en las conejeras de las casas. Actualmente, buena parte de los conejos del mercado proceden de la cría intensiva en granjas, donde son sacrificados entre los 2 y 3 meses de vida. Los conejos de monte tienen un color más rojizo y su carne es más dura y fibrosa, pero también más sabrosa y aromática.

EL DESPIECE

Cabeza
Se utiliza principalmente para dar sabor a arroces y guisos, aunque también se come a la brasa.

Costillas
Las chuletas son deliciosas salteadas, empanadas o a la parrilla. El costillar se puede cocinar entero guisado.

Lomo
Es la parte más magra y carnosa. Es una pieza que tanto se puede asar entera al horno como cortarla para guisos o arroces. El lomo bajo, el de la parte lumbar y sacra del conejo, se denomina *râble*.

Paletillas
Son más tiernas y sabrosas que las piernas posteriores o muslos. Sus posibilidades en cocina son infinitas.

Piernas o muslos
Se pueden asar en el horno, freír, brasear, estofar o guisar.

Hígado y riñón
Se pueden saltear y cocinar a la plancha. El hígado también se incluye en cazuelas de arroz.

Trucos Torres

- La carne de conejo se puede guardar un máximo de 2 días en la nevera, siempre limpia de vísceras. También se puede congelar unos 6 meses.

- Para limpiarla, nunca debe dejarse en remojo. Es suficiente quitar las impurezas con un paño húmedo. Evitar que queden pelos.

- Antes de cocinar esta carne, se puede introducir en una marinada de vino o aceite, condimentada con chalotas, zanahorias, perejil, ajo y tomillo.

- El conejo de granja, al ser más tierno, se cuece antes que el conejo de monte.

- La liebre es de mayor tamaño y de una especie distinta. Se trata de un mamífero de caza menor también consumido cuando no hay veda. Se puede preparar de diferentes maneras, pero siempre requiere cocciones largas debido a la dureza de su carne. La liebre a la *royal* es un plato típico de otoño e invierno en la alta cocina francesa.

«Es una carne magra y sedosa con un contenido de grasas insaturadas muy bajo, por lo que recomendamos su consumo y reivindicamos sus infinitas posibilidades culinarias».

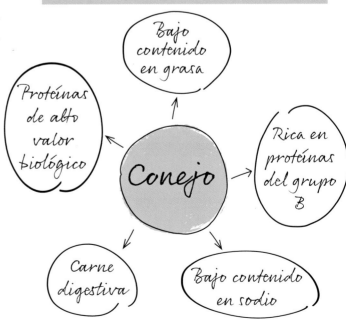

CONEJO EN ESCABECHE DE VERDURAS

Para 4 **personas**

1 conejo
350 ml de aceite de oliva suave
4 chalotas
2 zanahorias
1 puerro
50 ml de vinagre de vino blanco
1 guindilla
1 ramita de tomillo limón
1 hoja de laurel
6 bayas de pimienta negra
Sal

Limpiar el conejo y separar las paletillas, los muslos y el lomo, y partir este último en cuatro trozos. Salpimentar y reservar. Pelar y cortar en bastones las zanahorias, el puerro en rodajas, y pelar las chalotas, dejándolas enteras. Chafar los ajos sin pelarlos.

Poner una cazuela a fuego muy suave con el aceite de oliva y agregar el conejo junto con las verduras. Incorporar la pimienta negra, la guindilla, el laurel y el tomillo limón. Confitar el conjunto sin que llegue a hervir, a una temperatura constante de 80-85 °C durante 50-60 min, hasta que la carne del conejo se despegue del hueso. En ese momento, subir el fuego hasta que comience a burbujear.

A continuación, retirar la cazuela del fuego, incorporar el vinagre y dejar enfriar por completo con la cazuela tapada. Este plato se puede servir tanto frío, en forma de ensalada junto con las verduras escabechadas, como caliente.

Hojas de laurel

Trucos Torres

- El escabeche tradicional lleva, además de los ingredientes que se indican en la receta, un poco de pimentón, que debe añadirse antes del vinagre y siempre fuera del fuego para evitar que se queme y amargue el plato. En esta ocasión se ha decidido no incorporarlo, pues lo que se perseguía era un escabeche suave y fresco.

- El vinagre es un elemento fundamental en este plato. Se ha empleado un vinagre blanco, pero se puede usar asimismo uno de Jerez o de sidra, lo que aportará un toque muy particular a este escabeche. Se incorpora al final de la cocción para conservar su acidez y frescor.

Este mismo plato puede realizarse con otro tipo de carnes, como, por ejemplo, pollo, codornices y pichones o, incluso, con pescado (caballas, jureles, rape, etc.).

Se puede añadir más guindilla si gusta el picante.

En este escabeche también se pueden emplear otras hierbas, como romero, salvia o estragón.

RILLETTES DE CONEJO CON HIERBAS AROMÁTICAS Y ENCURTIDOS

Para 4 personas

2 traseros de conejo
600 g de manteca de
  cerdo
200 g de lomo de cerdo
40 g de aceitunas negras
  de Aragón sin hueso
40 g de pepinillos
  encurtidos
2 dientes de ajo
1 ramita de romero
1 ramita de tomillo

½ cucharadita de nuez
  moscada
¼ de rama de canela
1 chorrito de armañac
Sal y pimienta

Para acompañar
Tostadas de pan

Separar los muslos del *râble* o lomo del conejo. Salpimentar los lomos de cerdo y las piezas de conejo. Poner a fuego suave una cazuela con la manteca de cerdo y fundirla. Incorporar el conejo y los lomos, los dientes de ajo enteros, las especias y las hierbas, y verter un vaso de agua tibia. Cocer el conjunto a fuego muy suave, con un hervor casi imperceptible, durante 3 h o hasta que las carnes resulten muy tiernas. Remover de vez en cuando con mucho cuidado para que no se deshagan.

Pasado el tiempo, retirar las carnes y dejar reposar el jugo en la cazuela. La grasa quedará encima, por lo que, por decantación, se podrá extraer gran parte de la manteca de cerdo; reservarla en la nevera. Retirar las ramas de canela, tomillo y romero, así como los dientes de ajo. Colar el jugo resultante por un chino y reservar caliente.

Cuando las carnes estén tibias, deshuesarlas y desmigarlas, con cuidado de desechar las partes duras. Disponer la carne en un cuenco y salsear con el jugo reservado. Salpimentar y agregar los pepinillos y las aceitunas negras picados, y el armañac. Remover y pasar a una fuente de barro. Presionar la carne para que no retenga aire y tapar el recipiente con papel film. Introducirlo en la nevera y reservar durante 48 h para que se asiente.

Pasado el tiempo, fundir un poco de la grasa de cerdo reservada en una sartén. Cubrir con ella la carne (las *rillettes*) de la fuente. Devolver la fuente a la nevera y dejar reposar 24 h más. Pasado este tiempo, estará lista para consumir untada en pan tostado.

Trucos Torres

- Durante la cocción de las carnes, hay que cuidar de que no falte líquido: se trata de confitar las carnes y no freírlas. Si se evaporara demasiado, incorporar un poco más de agua tibia. No obstante, tampoco hay que pasarse, pues puede quedar un jugo desaborido.

- La técnica de las *rillettes* es típica de la cocina francesa de montaña y se ha empleado desde hace siglos para conservar los alimentos. Posee un alto contenido en grasas y proteínas, por lo que debe consumirse de manera ocasional.

- En definitiva, las *rillettes* son un tipo de paté, que se puede acompañar con encurtidos, como en el caso de la receta, ya que maridan perfectamente con el sabor y la textura de las carnes.

Este plato resulta ideal como entrante o aperitivo, así como para una cena de picoteo.

CONEJO AL VINO BLANCO CON CHAMPIÑONES

Para **4** **personas**

---

1 conejo grande
600 g de cebolla
400 g de champiñones pequeños
300 ml de caldo de cocido (ver pág. 27)
250 ml de vino blanco
½ limón
60 ml de aceite de oliva suave
6 dientes de ajo
1 hoja de laurel
Perejil
Sal y pimienta

Limpiar el conejo separando las paletillas de los muslos, así como el *râble* y las costillas, y cortarlo en ocho trozos. Poner una cazuela al fuego con el aceite y dorar el conejo previamente salpimentado.

Mientras, pelar la cebolla y el ajo. Cortar la cebolla en juliana fina y laminar el ajo. Limpiar los champiñones y cortarlos por la mitad (si fuesen demasiado grandes).

Una vez bien dorado el conejo, añadir la cebolla y el ajo. Remover y pochar a fuego suave hasta que la cebolla quede confitada. En este momento, verter el vino y el caldo de cocido. Agregar, entonces, los champiñones. Incorporar, por último, el laurel.

Proseguir con la cocción hasta que se evapore casi todo el líquido y el conejo quede tierno. Lavar y picar perejil al gusto y espolvorear sobre el conejo; añadir unas gotas de limón antes de servir.

Trucos Torres

- Aunque en la receta se han empleado champiñones, le va bien cualquier otro tipo de setas. Las silvestres aportarán un aroma más intenso, con notas de bosque.

- Se pueden incluir el hígado y el riñón del conejo; dan más potencia al plato.

- Esta misma receta sirve para preparar con pollo.

Además de laurel, se pueden incorporar otras hierbas aromáticas, como tomillo, romero o salvia.

Romero

Salvia

Tomillo

HUEVO

El huevo de gallina es una de las fuentes de proteína más antigua, sustituta de la carne o el pescado cuando estos escaseaban. Con él pueden elaborarse mil y una recetas, solo o combinado con otros ingredientes. El huevo es rico en proteínas, además de oligoelementos. Toda la vitamina A, D y E que contiene, así como los ácidos grasos, están en la yema. Cabe destacar que el huevo es uno de los pocos alimentos que contienen vitamina D de forma natural.

«Para saber si un huevo duro está cocido (8 min hirviendo a partir de agua fría), hacerlo rodar con fuerza por encima de la mesa horizontalmente sobre su propio eje. Si se pone de pie, está listo; si no, aún le falta».

LA ETIQUETA DEL HUEVO

Los huevos pueden clasificarse por su color (blancos o morenos), y también por su sistema de producción. Según esta categorización, en Europa existen cuatro tipos, identificados con un número del 0 al 3. Esta información viene impresa en cada huevo:

0 Es el código del huevo de producción ecológica. Las gallinas se alojan en gallineros y permanecen al aire libre durante el día. Se alimentan exclusivamente de alimentos de producción ecológica y natural.

1 Es el código del huevo de gallinas camperas. Viven en condiciones similares a las primeras.

2 Es el código del huevo de gallinas criadas en suelo. Las gallinas se mueven en libertad en el interior de un gallinero cubierto.

3 Es el código del huevo de gallinas criadas en jaula.

LAS MEDIDAS

XL (súper grandes): 73 g o más
L (grandes): 63-73 g
M (medianos): 53-63 g
S (pequeños): menos de 53 g

Trucos Torres

- Hay que evitar los cambios bruscos de temperatura, especialmente en el trayecto desde el mercado a casa.

- Aunque se pueden conservar a temperatura ambiente, no conviene que estén a más de 20 ºC, por lo que es mejor conservarlos en el frigorífico. Si no están refrigerados, se deben mantener hasta un máximo de cinco días después de su compra.

- Hay que colocarlos en la huevera de la nevera con el lado más puntiagudo en la base. El huevo tiene en su lado más ancho una pequeña cámara de aire que hace que se oxigene debidamente. Si se coloca por este extremo, la conservación no será tan buena.

- No hay que preocuparse si en el interior del huevo hay una pequeña mancha de sangre. Basta con retirarla con un cuchillo. Tampoco supone ningún problema la presencia de «nubes» en la clara, que suelen ser señal de frescura.

- Si los huevos tienen un olor o aspecto anormales, hay que desecharlos.

- Por razones higiénicas, se recomienda no separar las claras de las yemas en la misma cáscara. También hay que evitar cascar el huevo en el plato donde se vaya a batir o que contenga otros alimentos.

CÓMO SABER SI UN HUEVO ES FRESCO

Observando la clara: en los huevos frescos se distinguen dos zonas en la clara, una más densa y otra menos densa, que no llega a ser líquida. Además, la yema está centrada y tiene altura. Con el tiempo, la clara pierde consistencia y es más líquida, y la yema también pierde altura. Si la clara se desparrama en el plato y la yema se rompe fácilmente al cascarlo, es señal de que el huevo tiene poca frescura.

Comprobando si flota: introducir un huevo entero en una mezcla de agua con sal al 10 %. Si es muy fresco, se hunde, y si no lo es tanto, flota. Esto se debe a que, con el paso de los días, el huevo expulsa agua por su porosa cáscara, permitiendo la entrada de aire en su interior. El aire se va acumulando en una cámara interior que provoca que el huevo flote. Si el huevo se conserva en el frigorífico, este efecto es menos pronunciado.

MAHONESAS

Es una emulsión realizada con huevo y aceite, ingredientes básicos a los que se les puede añadir prácticamente cualquier elemento que aporte sabor y aroma.

A partir de la mahonesa básica (ver pág. siguiente), se pueden añadir diferentes ingredientes para darle sabor y aromatizarla.

Si el ingrediente es líquido, se puede añadir directamente. No obstante, hay que tener en cuenta la proporción de agua del producto, pues si es muy alta, no se podrá agregar demasiada cantidad. En este caso, lo mejor es reducir el líquido antes de integrarlo en la emulsión. Es el caso, por ejemplo, de la salsa de soja, los zumos de frutas o los jugos procedentes de una cocción. Por el contrario, la miel no precisará tal reducción.

En cuanto a los ingredientes secos como, por ejemplo, las especias o las hierbas aromáticas, se incorporan junto con el huevo para que se hidraten con el agua de la clara.

Hay que tener en cuenta que el sabor de las mahonesas con hierbas o especias aumentará a medida que pase el tiempo, por lo que hay que agregar la cantidad justa.

Trucos Torres

- Aunque tradicionalmente la mahonesa se realiza con el huevo entero, también puede hacerse solo con la yema. Entonces tiene un sabor a huevo más pronunciado y con una cremosidad y untuosidad muy interesantes. Se trata de una emulsión ideal para aliñar, por ejemplo, un tartar.

- Dependiendo del uso al que se destine, la mahonesa puede ser más o menos espesa. Para ello, la cantidad de aceite es crucial: cuanto más tenga, más espesa resultará, y viceversa. Lo único que hay que tener en cuenta es que las mahonesas densas son más difíciles de emulsionar.

- El tipo de aceite que se emplee depende de la intensidad de sabor buscado. Para mahonesas más bien neutras, se recomienda el aceite de oliva suave, pues con el extra virgen se obtiene una salsa de un color mucho más amarillento y de un sabor bastante más ácido. También se puede emplear aceite de girasol con muy buenos resultados, especialmente cuando a la mahonesa se le añaden otros elementos para aromatizarla.

MAHONESA BÁSICA

1 huevo entero
150 ml de aceite
Unas gotas de limón
Sal

Existen dos maneras de montar la mahonesa:

 Disponer el huevo en el vaso de la batidora de mano, una pizca de sal y unas gotas de limón. A continuación, agregar el aceite y seguidamente colocar el aparato en el fondo del vaso. Triturar a la velocidad mínima en la misma posición hasta que comience a emulsionar. Ir subiendo y bajando la batidora, muy poco al principio, apenas 1 cm, para ir aumentando la distancia luego. Repetir la operación una y otra vez hasta llegar arriba del vaso, momento en el que se puede aumentar la velocidad y agregar más aceite si hiciera falta.

 La segunda manera de montar la mahonesa consiste en disponer el huevo, la sal y el limón y triturar con la batidora de mano, para a continuación echar el aceite a hilo ,dejándolo caer en el vaso para que se reparta bien y se vaya ligando. Subir y bajar el aparato para emulsionar el aceite. Cuanto más espesa se pretenda elaborar la mahonesa, más costará integrar el aceite. Si este se acumula en la superficie, es el momento de dejar de agregar más cantidad y batir hasta que todo esté ligado. Luego se podrá añadir más.

Trucos Torres

▪ Para un huevo de tamaño M o L, se necesitan entre 150 y 200 ml de aceite, dependiendo de la textura que se desee.

▪ Si la mahonesa ha quedado demasiado espesa o la salsa parece no admitir más aceite, se puede añadir una cucharada de agua tibia.

MAHONESA DE PIMENTÓN

1 huevo
1 cucharada colmada de pimentón de La Vera ahumado

Aceite de oliva suave
Sal

Para aromatizar el aceite con el pimentón, calentar el aceite en un cazo a 80 °C. Retirarlo del fuego y agregar el pimentón. Infusionar durante unos minutos y, después, colarlo con una estameña.

Montar la mahonesa según sea más cómodo (opción 1 o 2). De esta manera, se logrará una salsa suave de un color rojizo y con un aroma inconfundible.

Trucos Torres

▪ Si no se dispusiera de estameña, el aceite se puede colar en un colador de malla común, cubierto previamente con un papel de cocina.

MAHONESA DE CEBOLLINO Y CÍTRICOS

1 huevo
½ manojo de cebollino
La ralladura y unas gotas del zumo de 1 limón

Aceite de oliva suave
Sal

Lavar el cebollino y secarlo; trocearlo con el cuchillo en segmentos de 3-5 cm. Disponerlo en el vaso de la batidora de mano junto con el zumo y la ralladura de limón (cuidando de que no contenga la parte blanca), el huevo y una pizca de sal. Montar la mahonesa siguiendo una de las dos opciones.

Una vez lista la mahonesa, pasarla por un colador fino con el objetivo de que no queden trozos de cebollino. Se obtendrá una salsa de un intenso color verde y con un sabor muy fresco.

MAHONESA DE ATÚN

50 g de atún en conserva
   en aceite de oliva
1 huevo

Aceite de oliva suave
Sal

Escurrir el atún del aceite de la conserva y reservar este. Desechar toda el agua que pudiera contener el atún, apretándolo hasta que quede seco. De esta forma, se elimina la humedad del ingrediente, que podría afectar al resultado final de la mahonesa.

Montar la mahonesa con todos los ingredientes (también el aceite de atún reservado) en el vaso de la batidora, según sea más cómodo (opción 1 o 2).

Filtrar la mahonesa con un colador fino para eliminar las posibles hebras del atún.

MAHONESA DE PIÑONES Y SOJA

1 huevo
1 cucharada de salsa de
   soja

1 cucharada de piñones
   del país
Aceite de oliva suave

Disponer el huevo y los piñones en la batidora de mano y montar la mahonesa según sea más cómodo (opción 1 o 2).

Una vez montada, incorporar la salsa de soja y batir hasta que se integre totalmente. Si quedara muy líquida o demasiado salada, agregar más aceite y emulsionar.

MAHONESA DE CURRI

1 huevo
1 cucharadita de curri
Aceite

Para esta mahonesa, hay dos opciones. La primera es disponer todos los ingredientes en el vaso de la batidora y montar la mahonesa. La segunda consiste en emplear la misma técnica que para la mahonesa de pimentón. Con esta última opción se logra una salsa más suave, cuyo sabor no se intensificará con el paso del tiempo.

Si se añade una cucharada de miel a la ecuación, se obtendrá una mahonesa agridulce deliciosa.

Batidora
de mano

Mahonesa de cebollino y cítricos

Mahonesa básica

Mahonesa de piñones y soja

Mahonesa de atún

Mahonesa de curri

Mahonesa de pimentón

CÓMO PREPARAR HUEVOS POCHÉ

Existen dos fórmulas, las dos igual de válidas. Veamos paso a paso cómo realizarlas.

LA OPCIÓN DE SERGIO

1 En un cazo con abundante agua hirviendo, añadir un chorro de vinagre de vino blanco (que ayudará a cuajar la proteína, la clara del huevo, cuando entre en contacto con el ácido del vinagre) y una pizca de sal.

2 Bajar el fuego al mínimo y dar unas vueltas al agua con una cuchara hasta que se forme un «remolino» en el centro del cazo.

3 Cascar el huevo y, sin que se rompa la yema, dejarlo caer en el centro del cazo aprovechando el remolino, con el fin de que la clara no se disperse en el agua. En este momento, subir el fuego un poco para que el mismo hervor provoque un movimiento envolvente que haga que el huevo se cuaje con una forma redondeada y con la yema envuelta por la clara.

4 Bajar el fuego y cocer 1 min más o menos o hasta que al tocar el huevo se perciba que la clara está cocida, no así la yema, que debe quedar cremosa. Con cuidado, escurrir el huevo.

LA OPCIÓN DE JAVIER (ver imágenes)

1 Colocar un aro de cocina encima de una tabla. Cortar una lámina de film transparente y ponerla sobre el aro, introduciéndola en su interior. Con un pincel engrasar el film con un poco de aceite, y cascar el huevo sobre el film. Espolvorear una pizca de sal y cerrar el saco sin dejar aire en el interior. Se puede atar el saco con un hilo de algodón.

2 En un cazo con agua hirviendo con vinagre —4 cucharadas por litro— y sal, introducir el huevo sosteniéndolo por el extremo del saquito de film durante unos segundos.

3 Cuando se aprecie que la clara ha comenzado a cuajar, dejar que el saco se hunda en el agua.

4 Transcurridos 2 min, con unas pinzas, abrir ligeramente y con cuidado el saco, dejando entrar agua entre el plástico y la clara. Luego retirarlo del todo y, tras 30 s, sacar el huevo del agua con una espumadera.

MENESTRA CON MAHONESA DE ATÚN Y HUEVO POCHÉ

Para **personas**

250 g de tirabeques
200 g de guisantes frescos
4 huevos poché (ver pág. 224)
3 patatas monalisa
3 zanahorias
1 calabacín
Aceite de oliva virgen extra
Sal y pimienta
Mahonesa de atún (ver pág. 222)

Montar la mahonesa y reservar en la nevera. Cortar las patatas y las zanahorias en dados de 1 cm de arista, los tirabeques al bies y el calabacín en rodajas para después cortarlas en cuartos.

En una olla de agua hirviendo, cocer las verduras por separado dándoles sus puntos de cocción correspondientes. Cocer las patatas y las zanahorias hasta que estén fundentes (entre 8 y 10 min). Escaldar durante 2 min los guisantes, los tirabeques y el calabacín, manteniendo así su dente vegetal. Escurrir las verduras y sumergirlas en un baño de agua con hielo para cortar la cocción, mantener el color y enfriarlas.

Preparar los huevos poché (ver pág. 222) y enfriarlos en un baño de agua con hielo.

Para montar el plato, disponer una cucharada generosa de mahonesa en la base de un plato hondo. Colocar encima las verduras previamente aliñadas con un poco de aceite de oliva virgen extra, sal y pimienta, y disponer en el medio el huevo poché, aliñado de la misma forma.

Trucos Torres

- Para cortar las zanahorias con facilidad, cocerlas previamente unos 8 min una vez peladas. Después, dejar enfriar y cortar en dados o de la manera que se desee.

- Las verduras que se emplean en la receta pueden sustituirse (todas o en parte) por otras de temporada o que se tengan a mano, como coliflor romanesco, mazorcas mini de maíz, espárragos, nabo, chirivía, etc.

- La mahonesa de atún, además de servir de aliño de la ensalada y unificar los sabores del resto de los ingredientes del plato, nos recuerda a la típica ensaladilla rusa. También se puede emplear la mahonesa de cebollino y cítricos (ver pág. 221) o la de piñones y soja (ver pág. 222), con unos resultados realmente sorprendentes.

A esta menestra se le pueden añadir gran variedad de verduras.

DEL MAR

ATÚN

El atún es un pescado azul que se puede consumir tanto fresco, cocinado o crudo como en salazón. Aporta gran cantidad de proteínas y de ácidos grasos omega 3. Es también rico en vitaminas, sobre todo del grupo B. Su mejor temporada son los meses de verano, aunque en el mercado puede encontrarse todo el año proveniente de diferentes zonas.

El atún rojo, también llamado atún de aleta azul o cimarrón, es el más apreciado de todos y el de mayor tamaño. Puede alcanzar hasta los 4 m de longitud y los 600 kg de peso. Se pesca en el Mediterráneo, en el Atlántico y en el mar Negro.

¿En qué se diferencia del bonito?
Aunque pertenezcan al mismo género *Thunnus*, el atún y el bonito son bien distintos. Este último, también llamado bonito del Norte o atún blanco, es más pequeño (de 4 a 30 kg de peso) y su carne es más blanca. Externamente se distingue con facilidad del atún rojo por las largas aletas pectorales que presenta.

«El despiece tradicional del atún se denomina 'ronqueo', debido al sonido que hace el cuchillo al rozar con el espinazo».

EMPANADILLAS DE ATÚN FRESCO

Para 4 personas

400 g de lomo de atún fresco
1 cebolla tierna
½ pimiento verde
½ pimiento rojo
50 g de aceitunas negras
1 ramita de tomillo limón
20 obleas de masa de empanadilla
Aceite de oliva suave
Sal y pimienta

Para el sofrito
1 cebolla
1 diente de ajo
3 tomates pera
Sal y pimienta

Para preparar el sofrito, pelar y picar la cebolla y los ajos. Poner una sartén al fuego con un chorro de aceite y pochar estos dos ingredientes. Pelar los tomates y cortarlos en dados. Agregar a la sartén y proseguir la cocción durante 25-30 min a fuego suave o hasta que hayan perdido toda su agua. Salpimentar y reservar.

Cortar la cebolla tierna en dados pequeños de 0,5 cm de arista. Pelar los pimientos y cortarlos del mismo tamaño. Poner una sartén limpia al fuego con un chorro de aceite de oliva y pochar la cebolla. Antes de que tome color, incorporar los pimientos y proseguir la cocción hasta que todo esté bien rehogado. En este momento, agregar el tomillo limón deshojado y el lomo de atún cortado en dados de 0,5 cm de arista. Saltear el conjunto durante unos segundos y agregar el sofrito reservado. Unos instantes antes de retirar la sartén del fuego, incorporar las aceitunas cortadas en rodajas. Mezclar, retirar del fuego y enfriar a temperatura ambiente.

Rellenar las empanadillas con la mezcla y cerrarlas apretando los bordes con un tenedor. Poner una sartén al fuego con abundante aceite de oliva y calentar. Cuando esté bien caliente, dorar las empanadillas por los dos lados, retirarlas con una espumadera y dejar sobre papel de cocina.

Trucos Torres

- Las empanadillas también pueden cocerse en el horno: disponerlas en una bandeja protegida con papel de horno y hornearlas a 200 °C o hasta que se doren. Resultarán mucho más ligeras. Asimismo se pueden preparar al vapor o hervidas (ver pág. 112).

- Estas empanadillas, que gustan tanto a grandes como a pequeños, son una excelente propuesta para que en casa se coma pescado.

- El atún se puede sustituir por bonito. Las empanadillas también se pueden preparar con atún o bonito en conserva, aunque el resultado es totalmente distinto.

El atún se puede sustituir por bonito.

TATAKI DE ATÚN MARINADO EN VINAGRE DE ARROZ, JENGIBRE Y LIMA

Para 4 personas

600 g de lomo de atún rojo (del centro)
2 remolachas cocidas
20 g de brotes de mostaza frescos
Flor de sal
Jengibre fresco

Para la marinada
150 ml de aceite de oliva virgen extra
La ralladura y el zumo de ½ lima
60 ml de vinagre de arroz
½ diente de ajo
Jengibre fresco (al gusto)
Sal y pimienta

Retirar la piel al lomo de atún y cortarlo a contraveta en trozos regulares, redondos o rectangulares.

Para preparar la marinada, majar el ajo. Agregar el vinagre, la ralladura y el zumo de lima, jengibre al gusto, sal y pimienta y, por último, el aceite. Mezclar.

Poner una sartén al fuego con unas gotas de aceite y sellar los trozos de atún por todos los lados apenas durante unos segundos. Pasar el atún a una fuente y agregar la marinada; mezclar bien para que todo quede impregnado. Marinar durante 12 min, removiendo cada 2 min. Mientras, cortar la remolacha a láminas con una mandolina.

Pasado el tiempo, escurrir bien el pescado —reservar la marinada—, cortarlo en lonchas, repartirlo entre los diferentes platos y acompañarlo de unas láminas de remolacha, dándoles volumen. Colocar encima de la hortaliza unos bastoncillos de jengibre y unos brotes de mostaza. Aliñar con la marinada y unos copos de flor de sal.

Trucos Torres

- Según cuenta la leyenda, antiguamente en Japón solo los emperadores podían comer atún crudo en forma de sashimi. El pueblo llano se saltó la prohibición gracias al tataki, ya que bajo su superficie dorada, se escondía el pescado crudo.

- El corte del atún es todo un arte en algunos países del Lejano Oriente. Parte del secreto radica en tener los cuchillos bien afilados y realizar los cortes en un solo movimiento, limpios y bonitos a la vista, además de tener en cuenta la dirección de las fibras.

- Aunque es más práctico comprar la remolacha ya cocida —viene pelada—, se puede cocer en casa. Para ello, hay que emplear guantes al manipularla, pues tiñe mucho. Poner una olla al fuego con agua y sal, y cocerla entera durante unos 30 min. Escurrir y dejarlas enfriar antes de pelarlas y manipularlas.

Remolacha cruda

Remolacha cocida y envasada

Los brotes de mostaza aportan frescor y un punto de picante al plato.

La cocción del tataki de atún debe ser regular y uniforme por todos los lados.

BACALAO

El bacalao en salazón ha sido durante siglos la única fuente de proteínas del mar en los pueblos de interior. Hoy en día se sigue comercializando así, además de fresco y ahumado. Este pescado blanco habita en las aguas frías del océano Atlántico Norte, del mar del Norte y del mar Báltico. El bacalao común o del Atlántico (*Gadus morhua*) es la especie más consumida en nuestro país. Del mismo género son el bacalao del Pacífico (*Gadus macrocephalus*) y el de Groenlandia (*Gadus ogac*).

«La tripa de bacalao, que en realidad es la vejiga natatoria del pez, es muy apreciada sobre todo en la elaboración de guisos».

CÓMO DESALAR EL BACALAO

Sigue estos pasos para desalar correctamente el bacalao:

1. Antes de empezar, elegir trozos del bacalao del mismo grosor. Si es imposible, separarlos en diversos recipientes.
2. Quitar la sal que lo recubre con un trapo húmedo o bajo el agua del grifo.
3. Poner los trozos de bacalao con la piel hacia arriba en un recipiente y cubrirlos con agua fría y abundante. Reservar en la nevera.
4. Cambiar el agua cada 8 h durante 48 h. Una vez pasados dos días, probar el punto de sal cogiendo un trozo de carne del centro del lomo, no de la superficie, que se desala antes.
5. Si está en su punto, escurrir y secar con un paño antes de cocinarlo. Si no lo está, dejar en remojo unas horas más.

NO CONFUNDIR CON...

Hay pescados similares al bacalao, aunque de menor interés culinario. El más habitual es el abadejo o serreta, que se diferencia del bacalao porque no tiene barbilla. Otro ejemplo es el carbonero o fogonero, parecido al abadejo, pero con la mandíbula menos desarrollada. También es similar el eglefino, que además se comercializa en salazón, pero es de menor tamaño y calidad.

Trucos Torres

- El bacalao se comercializa salado o fresco, más económico. Este último presenta una carne menos sabrosa que se deshace con facilidad.

- El bacalao salado es un pescado muy versátil y es protagonista de muchas recetas tradicionales, como el bacalao a la *llauna*, a la vizcaína, al ajoarriero o al pilpil. También se puede cocinar en forma de buñuelos, tortillas, croquetas, brandada...

- Las cocochas de bacalao son una de las partes más apreciadas de este pescado en la cocina. Normalmente van unidas a la lengua, asimismo muy valorada. En algunas zonas del país, también se cocina la tripa de bacalao (ver pág. 239) —en realidad es la vejiga natatoria—, sobre todo, guisada.

- El hígado de bacalao se emplea en escabeches, confitados, a la plancha...

- La piel de bacalao presenta un alto contenido en colágeno, que muchos cocineros utilizamos para preparar la famosa salsa pilpil (ver Trucos Torres pág. 236).

- Desde mediados de febrero hasta finales de marzo, se encuentra en las pescaderías el bacalao skrei, capturado en las islas Lofoten, en Noruega. Este pescado, muy valorado, destaca por su carne de textura más tersa, blanca y prieta que el fresco habitual.

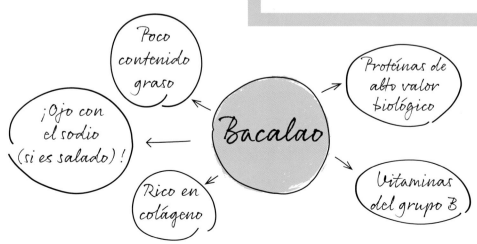

Bacalao
- Poco contenido graso
- Proteínas de alto valor biológico
- ¡Ojo con el sodio (si es salado)!
- Rico en colágeno
- Vitaminas del grupo B

BACALAO AL PILPIL DE CÍTRICOS CON GUISANTES

Para 4 **personas**

800 g de lomo de bacalao desalado

400 g de guisantes pequeños frescos

2 dientes de ajo

2 guindillas secas

Aceite de oliva

El zumo y la ralladura de 1 limón

Cortar el lomo de bacalao en raciones de unos 180-200 g. Pelar y laminar el ajo; laminar las guindillas. Poner al fuego una cazuela baja con un chorro de aceite de oliva. Agregar los lomos de bacalao con la piel hacia arriba, el ajo y la guindilla. Cocer a fuego suave sin que el aceite hierva (retirando la cazuela del fuego si fuera necesario). Pasados los primeros 2 min de cocción, con la ayuda de una espátula, dar la vuelta a los lomos con cuidado.

Con el fuego muy suave, mover la cazuela con movimientos circulares, lentos y constantes para ligar el colágeno que va soltando el bacalao con el aceite. Si fuera necesario, incorporar unas gotas de agua tibia, que ayuda a ligar mejor la salsa.

Cuando el pilpil esté prácticamente espeso, dar de nuevo la vuelta al bacalao y agregar los guisantes y el zumo de limón, y seguir haciendo movimientos circulares con la cazuela. Si son frescos, los guisantes estarán al dente en menos de 1 min. Si son de calibre grande o congelados, se pueden escaldar previamente o cocer en la salsa unos 5 min.

Cuando la salsa esté ligada del todo, espolvorear la ralladura de limón y servir.

Trucos Torres

- Si cuesta ligar el pilpil, se recomienda retirar el bacalao a mitad de la cocción y desechar un poco del aceite de la cazuela, con cuidado de no retirar el jugo del pescado, rico en colágeno. Entonces, fuera del fuego, remover la salsa con la base de un colador de malla pequeño con el fin de que la salsa emulsione.

- En muchos restaurantes se confitan las pieles de bacalao durante unos 15-20 min a fuego muy suave, hasta que estén bien blandas y se rompan con facilidad. De esta manera, el colágeno que contienen, que queda en el fondo del recipiente donde se ha realizado el proceso, se puede incorporar directamente a la cazuela del pescado que queramos preparar.

Para conseguir ligar el pilpil más fácilmente, el bacalao que se emplee debe ser de buena calidad. Además, tiene que tener una piel gruesa, ya que allí se concentra el colágeno.

GUISO DE TRIPA DE BACALAO A LA MADRILEÑA

Para 4 personas

480 g de tripa de bacalao
250 ml de caldo de cocido (ver pág. 27)
240 g de garbanzos cocidos (ver pág. 161)
4 tomates de rama
60 g de níscalos botón
50 g de tirabeques
40 g de panceta embuchada
40 g de chorizo ahumado
½ cebolla
½ limón
2 dientes de ajo
1 hoja de laurel
2 cucharadas de aceite de oliva suave
1 cucharadita de pimentón
Sal y pimienta

Desalar la tripa de bacalao: lavarla bajo el chorro de agua del grifo y luego sumergirla en un baño de agua fría durante 24 h, cambiando el agua cada 4 h. Pasado el tiempo de desalado, pelar las tripas retirándoles la piel blanquecina que las recubre.

Pelar y cortar en *brunoise* (ver pág. 23) la cebolla y los dientes de ajo. Lavar los tomates y trocearlos; triturarlos y pasarlos por un chino. Limpiar los níscalos con un trapo de cocina humedecido. Cortar los tirabeques al bies y en pequeños dados la panceta y el chorizo (retirar la tripa que los recubre).

Poner una cazuela al fuego con el aceite y rehogar la panceta y el chorizo. Cuando tomen color, agregar la cebolla, el ajo y el laurel, y pochar a fuego medio. Una vez que la cebolla esté transparente, incorporar el pimentón y, acto seguido, el tomate. Remover y reducir hasta que se forme una salsa concentrada.

Entonces, añadir la tripa cortada en trozos pequeños, las setas, los tirabeques y los garbanzos. Verter el caldo. Cuando rompa el hervor, proseguir con la cocción hasta que la salsa tenga consistencia y se reduzca el caldo, salpimentar y retirar del fuego. Antes de servir, retirar la hoja de laurel y rociar con unas gotas de limón.

Trucos Torres

- La tripa de bacalao es la vejiga natatoria de este animal, el órgano que le permite moverse de arriba abajo dentro del agua. Se comercializa salada, ya en remojo o completamente desalada. Las de mejor calidad tienen un grosor considerable.

- Este es un plato de mar y montaña, pero se puede convertir en una receta del todo marinera si se sustituye el caldo de cocido por un fumet de pescado (ver pág. 27) y, si en vez de chorizo y panceta, se le añaden mejillones o berberechos.

- Para pelar la tripa con más facilidad, hay quien la escalda un par de segundos en agua hirviendo y luego la sumerge en un baño de agua con hielo. No obstante, esta técnica resta sabor y aromas al producto.

Este plato también se puede preparar con mejillones.

GAMBA

La gamba es un crustáceo decápodo con el cuerpo alargado, de unos 10 cm de media, y el caparazón flexible. Habita tanto en el Mediterráneo como en el Atlántico y su carne es muy apreciada gastronómicamente. A nivel nutricional destaca por su alto contenido en yodo, un mineral muy beneficioso para nuestro metabolismo. Además, es poco calórica, aunque no se aconseja su ingesta a personas con niveles altos de grasas en sangre. También es fuente de proteínas de alto valor biológico.

«Para nosotros, la mejor manera de degustar una buena gamba, bien sea blanca o roja, de Palamós, Jávea o Huelva, es simplemente hervida unos segundos en abundante agua con sal».

VARIEDADES

Gamba roja

Habitual en la costa mediterránea, el *Aristeus antennatus* es de color y sabor intensos. Es deliciosa a la plancha.

Gamba blanca

Típica de la zona de Huelva, en el Atlántico, el *Parapenaeus longirostris* tiene un sabor más sutil y con menos salino que la gamba roja. Se acostumbra a cocinar hervida.

....

EMPARENTADOS

Otros crustáceos con ciertas semejanzas y con usos culinarios compartidos son:

Camarón

Muy apreciado, su cuerpo es comprimido y su coraza, de color grisáceo y con bandas oscuras, poco consistente. Se encuentra en nuestras costas de abril a septiembre, y se comercializa fresco o cocido.

Carabinero

Es de mayor tamaño que las gambas y los langostinos. De color rojo intenso, este crustáceo es el que tiene un sabor más pronunciado, especialmente la cabeza. Por ello, se emplea mucho en la elaboración de salsas, sopas y cremas.

Cigala

Destaca por sus pinzas largas y espinosas y por tener un caparazón más duro que las demás. Se puede preparar a la plancha y hervida, aunque también se incluye en arroces, platos de pasta y ensaladas.

Galera

Tiene la cabeza y el tórax fusionado, y su caparazón, relativamente blando, es entre amarillo y color salmón. Aunque tiene poca carne, es muy sabrosa y se incluye en la elaboración de fumets (ver pág. 27).

Langostino

Se pesca tanto en el Atlántico como en el Mediterráneo. Presenta un color entre rosáceo y marrón pálido, con anillos transversales de color más oscuro. Se comercializa fresco o cocido. Resulta ideal a la plancha.

Trucos Torres

- Es mejor elegir gambas con un caparazón duro, brillante y sin partes ennegrecidas. Los ojos han de tener un color dorado tornasolado oscuro y brillante. No tiene que desprender ningún olor fuerte.

- Deben consumirse al cabo de pocas horas de la pesca o, como mucho, al cabo de un día. Se recomienda guardarlas con hielo para que mantengan su color, pero con una rejilla en la base, porque si no se ennegrecerían.

- Las técnicas más sencillas son las mejores para cocinar las gambas: hervidas o a la sal de hierbas (ver pág. 242). También son el ingrediente estrella en platos como las gambas al ajillo con manzanilla (ver la misma pág.) y se incluyen además en arroces y pastas.

- Se pueden comer también en crudo, maceradas previamente, en forma de carpaccio o tartar, por ejemplo.

- Para cocerlas a la plancha, el fuego debe estar fuerte. El tiempo de cocción ronda 1 min por cada lado, dependiendo del tamaño de la pieza. Al final se puede aliñar con un poco de aceite y espolvorear un poco de flor de sal por encima.

Langostino

Cigala

GAMBAS HERVIDAS

Para 4 personas

2 l de agua
24 gambas
120 g de sal yodada

Para enfriar las gambas
1,5 l de agua
500 g de hielo
90 g de sal yodada

Poner un cazo al fuego con el agua y la sal yodada y, cuando arranque el hervor, agregar las gambas y cocerlas durante 1 min. Se deben sumergir poco a poco para no bajar bruscamente la temperatura del agua, que no debe dejar de hervir.

Pasado el tiempo, retirar las gambas del agua y sumergirlas durante 2 min en un baño con el agua, la sal y los cubitos de hielo con el fin de interrumpir la cocción. Escurrir y servir.

Trucos Torres

- Lo ideal sería emplear agua de mar, tanto para la cocción como para el baño frío de las gambas, ya que contiene diversas sustancias muy beneficiosas para nuestro organismo.

- Se puede aumentar la cantidad de sal hasta alcanzar los 70-80 g por litro de agua. Podéis probarlo y elegir la que más os guste o calcular vuestra propia fórmula.

GAMBAS AL AJILLO CON MANZANILLA

Para 4 personas

28-30 gambas pequeñas o medianas
2 dientes de ajo
60 ml de manzanilla

90 ml de aceite de oliva suave
4 guindillas secas pequeñas
Sal y pimienta

Pelar las gambas y retirarles las tripas. Pelar y laminar los ajos.

Poner una cazuela al fuego con el aceite y dorar los ajos y las guindillas. Cuando apenas comiencen a tomar color, agregar las colas de las gambas y la manzanilla. Proseguir con la cocción durante unos segundos más y retirar la cazuela del fuego. Taparla y dejar en reposo 2 min antes de servir.

Trucos Torres

- Para este plato, se recomienda usar gambas pequeñas y medianas; mejor reservar las de calibre superior para comerlas enteras.

- La manzanilla le da un toque muy especial a estas gambas al ajillo. Si no se dispone de este vino, se puede sustituir por un jerez o un pedro ximénez, aunque el sabor final variará.

GAMBAS A LA SAL DE HIERBAS

Para 4 personas

1 kg de sal gruesa
24 gambas rojas
200 ml de agua

½ manojo de tomillo
limón
1 rama de romero

Deshojar las hierbas aromáticas e introducir las hojas en un cuenco grande. Agregar la sal y mezclar bien. Verter el agua y remover. Disponer esta mezcla en una sartén; el grosor debe ser de 1 cm. Colocar las gambas encima haciendo un poco de presión para asentarlas.

Llevar la sartén al fuego y taparla. Cocer las gambas a fuego fuerte durante 2 min hasta que estén bien cocidas. Servir en la misma sartén.

Trucos Torres

- Si la sal no está lo suficientemente húmeda y las gambas no se terminan de cocer, se puede verter un poco más de agua usando un biberón o una cuchara sin remover la sal. De hacer esto, la sal podría disolverse y las gambas quedarían demasiado saladas.

- Se ha empleado gamba roja, pero la variedad blanca o, incluso, el langostino son una opción excelente. Dependiendo del tamaño, el tiempo de cocción puede variar.

- En cuanto a las hierbas, se puede emplear cualquier otro tipo: tomillo, estragón, orégano, etc.

RAPE

El rape es uno de los grandes protagonistas de la cocina de nuestro país. Además de la tersura y el sabor de su carne, este pescado es fácil de manipular, ya que no presenta escamas ni casi espinas, solo un cartílago dorsal fácil de retirar. La cola es la parte que se come, aunque la cabeza también se emplea para dar sabor a caldos y sopas. Las carrilleras son una parte poco conocida, pero de una calidad extra. Como el resto de los pescados blancos, el rape es bajo en grasas, rico en vitamina B9 y fuente de proteínas de alto valor biológico.

ESPECIES

Hay numerosas especies de rape, pero en nuestro país se comercializan principalmente dos:

Blanco

Es la más habitual en España y se pesca en aguas del noreste del Atlántico y Mediterráneo occidental. Es fácil de encontrar fresco en los mercados del país.

Negro

Es de tamaño inferior al rape blanco y de color rojizo oscuro. Su carne es más firme y jugosa y su sabor, un poco más intenso. Es menos abundante y más caro que el primero.

«Los rapes con la tripa de color negro proceden del Mediterráneo y su calidad es superior, aunque normalmente son más pequeños».

LOMO DE RAPE CON SETAS SECAS Y FRESCAS

Para **4** personas

4 lomos de rape
(unos 200 g por pieza)
15 ml de aceite de
oliva suave
15 g de mantequilla
Aceite de oliva
virgen extra

★ PARA LA ARENA DE SETAS

100 g de trompetas
de la muerte
25 g de miga de pan
3 chalotas o 1 cebolla
1 diente de ajo
Aceite de oliva
virgen extra
Sal y pimienta

★ PARA LA SALSA DE SETAS SALTEADAS

50 g de rebozuelos
100 g de robellón mini
100 g de shiitake mini
500 ml de caldo de
cocido (ver pág. 27)
15 g de mantequilla
Sal y pimienta

Para preparar la arena de setas, partir las trompetas con las manos y lavarlas en un bol con agua. Cambiar el agua tantas veces como se necesite para eliminar toda la tierra y otras impurezas que puedan tener.

Cortar la chalota en juliana y el ajo en láminas, previamente pelados. Poner una sartén al fuego con un chorro de aceite de oliva y pochar estos dos ingredientes. A continuación, agregar las trompetas, previamente escurridas, y cocer el conjunto unos minutos. Retirar la sartén del fuego.

Extender un trozo de papel de horno sobre una bandeja refractaria y disponer la preparación anterior. Encima romper la miga de pan. Introducir la bandeja en el horno y secar a 85 °C durante 2 h, hasta que las setas estén completamente deshidratadas. Pasado el tiempo, triturar el conjunto con un robot de cocina o vaso americano hasta lograr una preparación con textura arenosa. Salpimentar y reservar.

Salpimentar los lomos de rape y dorarlos en una sartén muy caliente, con un poco de aceite de oliva. Cuando estén completamente marcados, añadir la mantequilla y bañar el lomo con la propia grasa de la sartén hasta que esté en su punto y dorado por fuera. Retirar del fuego y rebozar con la arena de setas reservada.

Para la salsa de setas salteadas, limpiarlas en agua abundante y escurrirlas bien. Cortarlas si fuera necesario para que queden trozos más pequeños. Poner al fuego en la misma sartén en que se ha cocido el rape y saltearlas. Verter el caldo, reducir y agregar la mantequilla; remover para ligar y salpimentar.

Para emplatar, colocar en un plato hondo una cama de setas salteadas y encima medio lomo, y para acabar regar con un cordón de aceite de oliva virgen extra.

Trucos Torres

- Cada seta requiere una limpieza distinta: algunas deben lavarse en un bol con agua, como la trompeta de la muerte, mientras que la mayoría se limpian con un paño de cocina humedecido —es el caso de los champiñones—. Lo mejor es preguntar en la tienda o mercado donde se adquieran.

- Si las variedades empleadas en la receta no se encuentran, se pueden sustituir por champiñones, mucho más accesibles y que se comercializan durante todo el año. No obstante, los sabores y aromas que aportan las setas de bosque no tienen parangón con las cultivadas.

- La arena de setas también se puede preparar con trompetas de la muerte deshidratadas. Antes de utilizarse, las setas deben ponerse en remojo durantes unas 4 h y, luego, proseguir como se indica en la receta.

- La untuosa salsa de setas salteadas es muy versátil, y puede acompañar tanto carnes como pescados.

SUQUET DE RAPE AL AJO QUEMADO CON PATATAS

Para 4 personas

1 cola de rape (1,5 kg aprox.)
750 ml de fumet de pescado (ver pág. 27)
3 patatas monalisa
Aceite de oliva suave
Unas ramitas de perifollo
Sal y pimienta

⭐ PARA LA PICADA

2 rebanadas de pan
5 dientes de ajo
1 cucharada de pulpa de pimiento choricero
1 ramita de perejil

Limpiar el rape quitándole las pieles y la cabeza, y dejar únicamente el tronco central. Cortar en rodajas de 4 cm de grosor y reservar. También se puede pedir que nos los preparen así en la pescadería.

En una cazuela con un poco de aceite de oliva, dorar los ajos previamente pelados y laminados. Retirar del aceite y pasar al mortero. En el mismo aceite freír las hojas de perejil, y pasarlas también al mortero. Por último, freír el pan hasta que quede crujiente y dorado; pasar al mortero. Majar el conjunto y agregar el pimiento choricero. Mezclar y reservar.

En la misma cazuela con un poco de aceite de oliva, dorar las rodajas de rape por ambos lados durante pocos minutos; la idea es que queden marcados por fuera, pero crudos por dentro. Retirar y reservar.

Verter el fumet en la cazuela. Pelar las patatas, cascarlas y añadirlas. Incorporar entonces la picada, salpimentar y proseguir con la cocción durante unos 15 min o hasta que las patatas estén tiernas y el caldo haya espesado. En este momento, agregar el pescado y seguir la cocción durante 3-5 min más. Retirar la cazuela del fuego, rectificar la sal y servir con unas ramitas de perifollo encima.

Trucos Torres

- Si la salsa no queda lo suficientemente espesa, se puede retirar de la cazuela algún trozo de patata y un poco de líquido, chafarlo y volverlo a introducir.

- Para dar un extra de sabor y presencia a este plato, añadir unas hebras de azafrán apenas 2 min antes de terminar la cocción. También se le puede incorporar en el mismo punto alguna concha (berberechos o almejas) y tapar la cazuela para que se abran con el vapor.

- La picada sirve para ligar la salsa de cualquier guiso, además de aportarle sabor. Se le pueden añadir unos frutos secos tostados. También se puede sustituir el pimiento choricero por ñora.

Este es un plato que se ha realizado en honor al tradicional «all cremat», un tipo de preparación típica de la albufera de Valencia y muy empleada por los pescadores de la zona. Es una manera humilde y deliciosa de cocinar pescado.

MERLUZA

La merluza es uno de los pescados más empleados en nuestra cocina, sobre todo, la especie común europea, de una carne más exquisita. Habitualmente en España se pesca tanto en el océano Atlántico como en el mar Mediterráneo. En función de su edad y tamaño, recibe otros nombres como pescadilla, merlucilla, pijota o carioca.

La merluza es un pescado blanco con un contenido graso y calórico bajo, por lo que es ideal para personas que estén a dieta, siempre que no se acompañe de salsas calóricas. Es fuente de proteínas de alto valor biológico y de vitaminas del grupo B. Destaca su aporte en minerales como el potasio, el fósforo y el magnesio.

La merluza es uno de los pescados más valorados por su carne fina, blanda y exquisita, además de por su facilidad para quitarle las espinas.

VARIEDADES

Europea
Es la especie habitual en nuestro país y se pesca principalmente en la costa cántabra. Su carne es muy apreciada y se comercializa casi siempre fresca.

Argentina
Se comercializa generalmente congelada. La neozenlandesa y la patagónica también se destinan a la congelación.

Chilena o austral
En las pescaderías se presenta fresca y sin cabeza. En Chile se le llama «pescada».

Negra o de Senegal
Tiene el lomo de color negro y es de tamaño pequeño. Procedente de las costas africanas, se comercializa, sobre todo, en el sur de España y es de calidad inferior.

Del Cabo
Se pesca en las costas de Sudáfrica o Namibia. Es de tamaño grande y lomo de color plateado con tonos marrones. Se comercializa tanto fresca como congelada.

Plateada
De tamaño menor que la europea y lomo de color plateado, esta merluza posee una carne que es muy apreciada y se vende tanto fresca como congelada.

LAS COCOCHAS

Las cocochas son las protuberancias que sobresalen en la parte baja de la cabeza de la merluza y gozan de un gran valor gastronómico por su gran sabor y su textura suave y gelatinosa. Habitualmente se cocinan salteadas con ajo, guisadas, al pilpil o rebozadas (ver pág. 254).

Trucos Torres

- Según el método de pesca, en la pescadería la merluza se denomina «de pincho» (si se ha pescado una a una con anzuelo), «de palangre» (pescada con líneas de anzuelo), «de volanta» (con red fija en el fondo) o «de arrastre» (con red arrastrada por barcos). La merluza de pincho es la más cotizada y la de arrastre, la que menos.

- En la nevera, el pescado fresco se conserva un máximo de 2 días en la zona más fría.

- La merluza se tiene que limpiar antes de guardarla en la nevera. Las piezas enteras se pueden envolver en un paño limpio y humedecido, mientras que las pequeñas o el pescado troceado se colocan en un recipiente con una rejilla en la base.

- Es muy polivalente en la cocina, tanto se puede cocinar frita, asada al horno o a la parrilla como guisada o al vapor (ver pág. 252).

«La merluza debe ser tratada con mucha delicadeza. Nunca debe apretarse su carne con los dedos. Para manipularla, hay que cogerla siempre por la cabeza».

MERLUZA AL VAPOR CON CREMA DE ESPINACAS Y ALBAHACA

Para 4 personas

4 trozos de lomo de merluza (unos 200 g por pieza)
1 zanahoria
½ cebolla
1 diente de ajo
1 hoja de laurel
Aceite de oliva virgen extra
Sal y pimienta

⭐ **PARA LA CREMA DE ESPINACAS Y ALBAHACA**
250 g de brotes de espinacas
200 ml de fumet de pescado (ver pág. 27)
1 rama de albahaca
Sal y pimienta

Para preparar la salsa, deshojar la albahaca y escaldarla en agua hirviendo unos segundos, y seguidamente sumergir las hojas en un baño de agua con hielo. Realizar la misma operación con los brotes de espinacas. De esta manera, se conseguirá una salsa de color verde intenso. Disponer los dos ingredientes en el vaso de la batidora y verter el fumet, que tiene que estar frío. Triturar a máxima potencia hasta lograr una salsa ni muy densa ni muy líquida. Salpimentar y colar por un colador fino. Pasarla a un cazo para calentarla antes de servirla.

Pelar la zanahoria, la cebolla y el diente de ajo, y trocearlos. Poner una olla al fuego con 4 cm de agua y agregar estos ingredientes junto con el laurel. Cocer durante 2 min desde que arranca el hervor. En este momento, disponer encima el plato de la vaporera y colocar los trozos de merluza, previamente untados con aceite de oliva virgen extra y salpimentados. Cocerlos durante 5-8 min aproximadamente.

Cuando la merluza esté bien cocida, retirar de la vaporera. En un plato hondo, verter un poco de salsa caliente en la base y encima poner una ración de filetes. Regar con unas gotas de aceite de oliva virgen extra y servir.

Trucos Torres

- A la hora de elaborar la salsa, el fumet debe añadirse poco a poco para conseguir la textura deseada. Siempre es mejor quedarse cortos que pasarse.

- En la receta se usa albahaca para dar un toque especial al plato, pero la cantidad final que se utilice depende del gusto del cocinero.

COCINAR AL VAPOR

Hoy en día existen muchos sistemas para cocinar al vapor: cestos de bambú o silicona, ollas especiales, etc. Cualquiera de ellos es válido.

La merluza puede ser sustituida por mero o lenguado.

COCOCHAS DE MERLUZA REBOZADAS CON MAHONESA DE CEBOLLINO Y CÍTRICOS

Para 4 personas

600 g de cocochas de merluza
300 ml de aceite de oliva suave
200 g de harina para freír
2 huevos
Sal y pimienta
Mahonesa de cebollino y cítricos (ver pág. 221)

Preparar la mahonesa de cebollino y limón, y reservar en la nevera.

Limpiar las cocochas retirándoles el exceso de piel y dejarlas definidas con forma de uve. Batir los huevos y disponer la harina en un plato. Verter el aceite en una sartén y calentarlo.

Salpimentar las cocochas, pasarlas por harina sacudiéndolas después y, a continuación, por el huevo. Freír las cocochas hasta que se doren por ambos lados. Retirarlas y dejar sobre papel de cocina.

Servir las cocochas en una fuente acompañadas con la mahonesa de cebollino y cítricos.

Trucos Torres

▪ Las cocochas admiten diferentes preparaciones: en salsa verde, a la bilbaína, al pilpil, rebozadas como en la receta, en guiso, etc. Si se quieren preparar al pilpil, basta con seguir las indicaciones de la receta de bacalao al pilpil (ver pág. 236).

▪ Se acompañan con una mahonesa de cebollino y cítricos, pero admiten cualquier otro tipo: desde la tradicional hasta otras más sofisticadas (ver pág. 222). Incluso se pueden añadir a la salsa de esta receta unas alcaparras picadas.

COGOTE DE MERLUZA A LA DONOSTIARRA

Para 4 personas

2 cogotes de merluza grandes
100 ml de aceite de oliva suave
4 dientes de ajo
5 guindillas secas
30 ml de vinagre de vino blanco
1 manojo de perejil
Sal y pimienta

Salpimentar el cogote, disponerlo en una parrilla muy caliente y cocerlo por ambos lados. Cuando esté en su punto, retirarlo de la parrilla y pasarlo a una bandeja con la piel para abajo.

Pelar y laminar los dientes de ajo. Lavar y picar muy fino el perejil. Poner una sartén al fuego con el aceite y dorar los ajos junto con las guindillas. Cuando estén bien sofritos, retirar la sartén del fuego y agregar el perejil y el vinagre. Acto seguido, regar con esta preparación el cogote.

A continuación, recuperar la salsa y los jugos del cogote, pasarlos a la misma sartén donde se ha preparado la salsa a la donostiarra y emulsionar con ayuda de la base de un colador de rejilla, como si se tratara de un pilpil, aunque esta no se debe ligar tanto. Cuando esté lista, regar con ella el cogote y servir.

Trucos Torres

▪ La limpieza del cogote puede resultar difícil y laboriosa, así que sin duda lo más práctico es pedírselo a nuestra pescadería de confianza.

▪ Para cocinar este plato, se precisa de una parrilla de carbón vegetal o leña. Si no se dispone de ella, se puede usar una parrilla eléctrica e, incluso, una sartén. En este último caso, el cogote se marca primero por el lado de la piel y luego se le da la vuelta. Por último, se termina en el horno antes de salsearlo, como se indica en la receta.

▪ Una guarnición muy socorrida para este plato son unas patatas cocidas y laminadas, bañadas con la salsa a la donostiarra.

CALAMAR

El calamar es un molusco muy común en las aguas del Atlántico y del Mediterráneo. Su nombre en español proviene de *calamus* («pluma» o «caña»), en referencia al hueso calcáreo que presenta en su interior y a la bolsa de tinta comestible. Los ejemplares jóvenes se denominan chipirones.

A nivel nutricional, tiene pocas calorías y grasas, aunque contiene ácidos grasos omega 3, por eso no es aconsejable para personas que tengan hipercolesterolemia.

El secreto está en su tinta

La bolsa de tinta del calamar se sitúa encima del recto del animal. Recientes investigaciones han descubierto que este pigmento, además de dar sabor a diferentes recetas, es rico en una serie de aminoácidos y polisacáridos muy eficaces en el tratamiento de la depresión, entre otras virtudes nutricionales.

«Lo mejor es comerlos frescos. Si son grandes y duros, se pueden congelar para romper las fibras y ablandarlos, como se hace con los pulpos».

GUISO DE CALAMARES RELLENOS DE CARNE

Para **4** personas

1 l de fumet de pescado
(ver pág. 27)
4-8 calamares (unos
800-900 g)
600 g de carne de cerdo
picada
4 tomates de rama
100 ml de vino blanco
1 cebolla
1 ramita de perejil
1 cucharadita de harina
Aceite de oliva

Sal
Para la picada
2 rebanadas de pan
de barra tostado
8 avellanas tostadas
8 almendras tostadas
1 diente de ajo
Azafrán en hebras
Sal

Limpiar los calamares con abundante agua y retirarles las vísceras y la vaina. Separar las patas del cuerpo y sacarles los ojos y la boca. Reservar los cuerpos y cortar en trozos las alas y las patas. Después, triturarlas con el túrmix de manera grosera.

Poner una sartén al fuego con un chorro de aceite de oliva y, cuando esté caliente, cocer la carne de cerdo sin parar de remover. Seguidamente, agregar la carne de calamar triturada y proseguir con la cocción, removiendo sin parar para que los dos productos se integren. El resultado debe ser una mezcla apenas cocida. Retirar del fuego y enfriar a temperatura ambiente. Cuando el relleno esté frío, introducirlo en los calamares y cerrarlos con un palillo.

Pelar el tomate, triturarlo y colarlo. Pelar y picar la cebolla en *brunoise*. Poner una cazuela al fuego con un chorro de aceite de oliva y pocharla. Cuando empiece a tomar color, agregar sal, el perejil picado y la harina. Remover bien para que la harina se tueste y verter el vino. Dejar que el alcohol se evapore un poco e incorporar el tomate triturado. Proseguir con la cocción hasta que este se reduzca, y en ese momento añadir el fumet y los calamares rellenos. Cocer el conjunto durante 45 min.

Mientras tanto, para preparar la picada, pelar el diente de ajo y con un poco de sal majarlo en el mortero, junto con el pan tostado, unas hebras de azafrán y los frutos secos.

Una vez pasado el tiempo de cocción de los calamares, verter en el mortero un poco del caldo de la cocción de estos y agregar todo a la cazuela. Remover para que todo quede bien integrado. Salpimentar y proseguir con la cocción durante 15 min más. Antes de servir, espolvorear con perejil picado.

Trucos Torres

- Los calamares de potera (un anzuelo específico para pescar este molusco) son los más apreciados. A diferencia de los de trasmallo (la red de arrastre) o vaca (embarcación de arrastre), llegan limpios de arena y fango, y sin haberse deteriorado.

- Además de cerrar los calamares con un palillo, hay otra curiosa opción: darles la vuelta, como si de un calcetín se tratara, y rellenarlos. Como al cocerse la carne del calamar se contrae hacia dentro, el relleno quedará en su sitio.

- Para realizar este plato, los calamares deben pesar unos 200-250 g por pieza. Es la media justa parar prepararlos y degustarlos con comodidad.

- Para completar el plato, se pueden agregar unas patatas en dados unos 30 min antes de terminar la cocción. Los calamares guisados también se pueden acompañar de arroz blanco salteado con un diente de ajo picado.

ALBÓNDIGAS DE CALAMAR CON SALSA SUAVE DE TOMATE

Para 4 personas

4 calamares enteros (unos 800-900 g)
300 g de harina
1 diente de ajo
1 ramita de perejil
1 ramita de tomillo limón
Aceite de oliva suave
Aceite de oliva virgen extra
Sal y pimienta

Para la salsa suave de tomate
200 g de salsa de tomate (ver pág. 66)
200 ml de fumet de pescado (ver pág. 27)

Limpiar los calamares: retirarles la pluma, separar las patas de la cabeza, y quitarles los ojos y la boca. Pelar las alas del calamar y retirarles la parte más dura. Cortar todo en dados pequeños y pasarlo al vaso de la batidora.

Pelar el ajo y picarlo. Lavar el perejil y picarlo. Agregar estos ingredientes al vaso de la batidora. Salpimentar y triturar sin que se apelmace, dando breves golpes de velocidad. Formar las albóndigas y rebozarlas con la harina, sacudiéndolas para eliminar el exceso.

Poner una sartén al fuego con abundante aceite y, cuando esté caliente, freír las albóndigas hasta que tomen color. Retirar y dejar sobre papel de cocina.

Quitar el aceite de la sartén y colocarla de nuevo al fuego. Verter la salsa de tomate y el fumet. Incorporar entonces las albóndigas y cocer el conjunto durante 8-10 min, hasta que estas estén completamente cocidas y la salsa tenga la consistencia deseada.

Servirlas con el tomillo limón y regar con un cordón de aceite de oliva virgen extra.

Trucos Torres

- A la salsa de este plato se le puede agregar alguna verdura, como unos guisantes o unas patatas a cachelo, dejándolos cocer unos minutos antes de incorporar las albóndigas. También pueden añadirse unos trozos de butifarra o carne picada, pero antes de verter el tomate y el caldo. Se emula así el clásico plato de albóndigas con sepia, pero dándole la vuelta: las albóndigas de calamar y la salsa con carne.

Cuando en una receta se indica que hay que picar una hierba aromática, se refiere exclusivamente a las hojas; el tallo debe desecharse.

Hay que picar solo las hojas.

ÍNDICE DE RECETAS